Petit Dictionnaire des Faux Amis

Reclam premium Sprachtraining

Petit Dictionnaire des Faux Amis

Von Béatrice Gra-Steiner, Burkhard Dretzke
und Margaret Nester

Reclam

RECLAMS UNIVERSAL-BIBLIOTHEK Nr. 14114
2010, 2021 Philipp Reclam Verlag GmbH,
Siemensstraße 32, 71254 Ditzingen
Druck und Bindung: Eberl & Koesel GmbH & Co. KG,
Am Buchweg 1, 87452 Altusried-Krugzell
Printed in Germany 2021
RECLAM, UNIVERSAL-BIBLIOTHEK und
RECLAMS UNIVERSAL-BIBLIOTHEK sind eingetragene Marken
der Philipp Reclam jun. GmbH & Co. KG, Stuttgart
ISBN 978-3-15-014114-4

Auch als E-Book erhältlich

www.reclam.de

Inhalt

Einleitung

1. Was sind *Faux Amis*?

Als *Faux Amis* im engeren Sinne werden Wortpaare aus zwei verschiedenen Sprachen verstanden, die bei gleicher bzw. ähnlicher phonologisch-orthographischer Form (völlig) verschiedene oder nur teilweise gleiche Bedeutungen haben wie beispielsweise dt. *Klavier* vs. frz. *le clavier* (›Tastatur‹), dt. *Figur* vs. frz. *la figure* (›Gesicht‹), dt. *Infusion* vs. frz. *l'infusion* (›Kräutertee‹), dt. *luxuriös* vs. frz. *luxurieux* (›wollüstig‹), dt. *genial* vs. engl. *genial* (›freundlich‹), dt. *ordinär* vs. frz. *ordinaire* (›üblich‹, ›normal‹, ›alltäglich‹, ›einfach‹), dt. *mondän* vs. engl. *mundane* (›banal‹, ›alltäglich‹) und dt., frz., ital., span. *transpirieren*, *transpirer*, *traspirare*, *transpirar* vs. engl. *transpire* statt *perspire.* Dabei können die Wortpaare etymologisch verwandt, d.h. auf dieselbe Ausgangsform zurückgehen. Das deutsche, französische, spanische und italienische Wort *sensibel/sensible/sensible/sensibile* hat seinen Ursprung in lat. *sensibilis.* Im Englischen muss das Wort mit *sensitive* übersetzt werden, da engl. *sensible* im Deutschen ›vernünftig‹ bedeutet.

Im weiteren Sinne handelt es sich um Wortpaare, die orthographisch und phonetisch-phonologisch ähnlich, aber nicht identisch sind, deren Bedeutung aber gleich ist wie z.B. *Komitee* (frz. *le comité*), *Metall* (frz. *le métal*), *aggressiv* (frz. *agressif, -ive*) und *Horizont* (frz. *l'horizon*), *Melancholie* (frz. *la mélancolie*), *Phlegma* (frz. *le flegme* /flɛgm/), *Resümee* (frz. *le résumé*).

Im weitesten Sinne können als *Faux Amis* auch lexikalisch-grammatische Strukturen bezeichnet werden, wie sie in bestimmten, in den verschiedenen Sprachen abweichenden Wortverbindungen (Kollokationen) auftauchen oder in Hinblick auf Kollokationen andere Bedeutungen haben können. Beispiele sind dt. *ein überzeugter Junggeselle* vs.

frz. *un célibataire endurci* oder dt. *eine saubere Lösung* vs. frz. *une bonne solution*. Typische grammatische Paare sind u.a. Konstruktionen wie die unterschiedliche Verwendung von Präpositionen, des Artikels, der Adverb- bzw. Adjektivformen oder auch des Konjunktivs wie dt. *wir wünschen, dass alles gut geht* vs. frz. *nous souhaitons que tout aille bien*. Zusammenfassend lässt sich sagen, dass die Fehler, die aufgrund von Falschen Freunden entstehen, orthographischer, phonetisch-phonologischer, lexikalisch-semantischer sowie grammatischer Natur sind.

In diesem Wörterbuch wird die Bedeutung der Wörter im Mittelpunkt stehen, die als Falsche Freunde zu Missverständnissen führen können. Was die Bedeutungsebene betrifft, so sind vor allem fünf Fälle von Schwierigkeiten zu nennen.

- Zum einen handelt es sich um Wörter, die durch ihre Form eine verwandte Herkunft nur vorspiegeln (falsche Kognaten), die aber in der jeweiligen Sprache völlig unterschiedliche Bedeutungen haben. Beispiele sind dt. *kalt* vs. frz. *chaud* oder ital. bzw. span. *caldo* (›warm‹), engl. *to ride* vs. ital. *ridere* (›lachen‹), engl. *stuffy* vs. ital. (*essere*) *stufo* (›etwas satt haben‹), engl. *door* vs. port. *dor* (›Schmerz‹, ›Sorge‹), engl. *fat* vs. frz. *fait* oder port. *fato* (›Tatsache‹), dt. *Fee* vs. engl. *fee* (›Gebühr‹) und dt. *Kran* vs. frz. *le crâne* (›Schädel‹).
- Zum anderen sind es Wörter, die durch ihre Herkunft verwandt sind (Kognaten), die aber in verschiedenen Sprachen unterschiedliche Bedeutungen angenommen haben. Beispiele sind *dezent* vs. *décent* (*discret*), *Dom* vs. *le dôme* (*la cathédrale*), *Gymnasium* vs. *le gymnase* (*le lycée*), *Pensionär* vs. *le pensionnaire* (*le retraité*) und *Promotion* vs. *la promotion* (*le doctorat*).

  Einen Sonderfall stellen intralinguale Falsche Freunde (Paronyme) dar. Hier handelt es sich um Kognaten, die minimal verschiedene morphologische Formen haben, die dann zu unterschiedlichen Bedeutungen führen. Diese sprachlichen Erscheinungen bereiten nicht nur Nichtmuttersprachlern, sondern teilweise auch Muttersprachlern Schwierigkeiten. Beispiele sind *amoral/immoral, crédible/crédule, affectif/effectif, allusions/illusions, cérémonial/cérémonieux, complementaire/complimenteur, défini/définitif, distinct/distinctif, éminent/imminent, fortuit/fortuné, imaginable/imaginatif/imaginaire, infliger/affliger, ingénieux/ingénu, luxurieux/luxuriant* und *prescrire/proscrire.*

- Zu den Falschen Freunden können aber auch Wörter gehören, die in der einen Sprache mehrere Bedeutungen haben und die in ihrer Bedeutung aber nur teilweise überlappen. Das heißt, ein polysemes Wort in der einen Sprache wird in der anderen Sprache durch verschiedene Wörter ausgedrückt. Beispiele sind dt. *Salat* vs. frz. *la salade* (›Beilage‹, ›gemischter Salat‹) und *la laitue* (›Kopfsalat‹), dt. *Bank* vs. frz. *le banc* (›Sitzbank‹) und *la banque* (›Geldinstitut‹) sowie dt. *Moral* vs. frz. *la morale* (›Sittenlehre‹) und *le moral* (›seelische Kraft‹). Diese Wörter werden im Wörterbuch als »Partielle Falsche Freunde« (PFF) gekennzeichnet.
- Die Möglichkeit der Verwechslung betrifft aber nicht nur Einzelwörter, sondern auch typische Wortverbindungen (Kollokationen), bei denen jeweils von der Form her verschiedene, in der Regel aber semantisch gleiche oder ähnliche Wörter verwendet werden: dt. *See...* verbindet sich mit *Bad*, *Klima* und *Luft*, während im Frz. *balnéaire* (*la station ~*), *maritime* (*le climat ~*) und *marin* (*l'air ~*) verwendet werden. In anderen Kollokationen finden sich verschiedene Wörter wie dt. *glatt*, das u.a. mit den Wörtern *Haut*, *Haare*, *Reinfall* und *Fahrbahn* kollokiert; die Entsprechungen für das Wort *glatt* sind im Französischen (*la peau*) *lisse*, (*les cheveux*) *raides*, (*le fiasco*) *complet* / (*l'échec*) *total* und (*la chaussée*) *glissante*. Ein weiteres Beispiel ist das Wort *stark*, das im Französischen u.a. mit *fort* (*un homme fort*), *solide* (*les nerfs solides*), *puissant*

(*un moteur puissant*), *grand* (*un grand buveur*), *gros* (*un gros mangeur*) und *sérieux* (*un doute sérieux*) übersetzt wird.

- Schließlich zählen zu den Falschen Freunden auch sog. pseudo-französische Wörter (Scheingallizismen), d.h. Wörter, die der Form und Herkunft nach französisch sind, die aber im Französischen in dieser Form nicht existieren oder andere Bedeutungen haben. Beispiele sind dt. *Baiser* vs. frz. *la meringue*, dt. *Blamage* vs. frz. *la honte / l'humiliation / l'impair*, dt. *Deponie* vs. frz. *la décharge*, dt. *Frisör* vs. frz. *le coiffeur*, dt. *Raffinesse* vs. frz. *le raffinement*, dt. *Regisseur* vs. frz. *le metteur en scène / le réalisateur*, dt. *Rommé/Rommee* vs. frz. *le rami* und dt. *Toupet* vs. frz. *le postiche.*

2. Auswahl der Einträge im Wörterbuch und Sprachvarietäten

Für das **Petit Dictionnaire des Faux Amis** steht die Bedeutungsebene im Vordergrund. Bei Wörtern mit mehreren Bedeutungen (polyseme Wörter) werden die am häufigsten vorkommenden erfasst. Als Grundlage bieten sich Wörterbücher an, die einen Umfang von ca. 100000 Wörtern haben (Taschenwörterbücher). Auf Kollokationen kann im Rahmen dieses Buches nur sporadisch eingegangen werden. Wichtig für die Auswahl der Wörter ist selbstverständlich die Häufigkeit des Gebrauchs. Aufgrund lexikalischer Untersuchungen kann nachgewiesen werden, dass 7500 Wörter ca. 90% der meisten Texte, die gelesen werden, abdecken. Daher bilden diese 7500 am häufigsten vorkommenden Wörter in der Regel die Begründung für die Aufnahme in das Wörterbuch.

Standardfranzösisch als Staats- bzw. Nationalsprache in Frankreich ist die Grundlage für die Einträge im vorliegenden Wörterbuch. Für das Französische soll dort, wo die

Falschen Freunde es erfordern, teilweise auf andere nationale Varietäten eingegangen werden. Für das Französische sind bekanntermaßen das Französische Französisch, das Belgische Französisch, das Schweizer Französisch und das Kanadische Französisch als vier große Varietäten zu berücksichtigen.

Im Zusammenhang mit Französisch als Staatssprache muss auch das Problem der Anglizismen im Französischen genannt werden, die durch die Ministerialerlässe keinen Eingang in die Hochsprache finden sollten. Beispiele sind engl. *walkman* vs. frz. *le baladeur,* engl. *Software* vs. frz. *le logiciel* oder engl. *computer* vs. frz. *l'ordinateur.*

Zuletzt sei darauf verwiesen, dass viele der deutschen Wörter, die ihren Ursprung im Französischen haben, sehr oft der gehobenen Sprache angehören und daher in der Umgangssprache nicht so häufig anzutreffen sind. Auch sind einige der französischen Bedeutungen im Deutschen veraltet. Diese veralteten Bedeutungen bleiben unberücksichtigt.

3. Zeichen und Abkürzungen

Adj.	Adjektiv
ANAT.	Anatomie
ARCH.	Architektur
BIOL.	Biologie
BOT.	Botanik
COMP.	Computer, EDV
f.	Femininum
fig.	figurativ, im übertragenen Sinn
FOTOGR.	Fotografie
GASTR.	Gastronomie
geh.	gehoben
GEOGR.	Geografie
GEOL.	Geologie

jdm.	jemandem
jdn.	jemanden
LITERATURW.	Literaturwissenschaft
m.	Maskulinum
MATH.	Mathematik
MED.	Medizin
METEO.	Meteorologie
MILIT.	Militär
n.	Neutrum
NATURW.	Naturwissenschaft
neg.	negativ, abwertend
PFF	Partieller Falscher Freund
PHILOS.	Philosophie
Pl.	Plural
qc	quelque chose
qn	quelqu'un, quelqu'une
RECHTSSPR.	Rechtssprache
REL.	Religion(swissenschaft)
SPRACHW.	Sprachwissenschaft
Subst.	Substantiv
tabu	obszön, vulgär oder politisch inkorrekt
TECHN.	Technik
ugs.	umgangssprachlich
vs.	versus (gegenüber)
WIRTSCH.	Wirtschaft
ZOOL.	Zoologie
~	Tilde (Platzhalter) ersetzt Wort oder Teilwort, z.B. **Album** (Briefmarken~, Foto~).
*	Asterisk steht für linguistisch inkorrekte Form bzw. nicht existierendes Wort, z.B. ****l'autogramme*** (frz. ***l'autographe***).
Ø	markiert eine lexikalisch nicht existierende Form bzw. Lücke in der Zielsprache

4. Anordnung und Darstellung der *Faux Amis* deutsch-französisch

Die alphabetische Liste geht von dem deutschen Wort aus, da dieses ja ursächlich für den Fehler verantwortlich ist. Dieses steht links, darunter steht der entsprechende französiche *Faux Ami*. Rechts befindet sich die korrekte französische und deutsche Übersetzung der Wörter, dazu wird jeweils ein französischer Beispielsatz gebildet. Da einige Wörter mehrere Bedeutungen haben, beschränkt sich dieses Wörterbuch aus Platzgründen bei den Beispielsätzen in der Regel auf die ersten beiden und häufigsten Bedeutungsverwendungen. Weitere wichtige Bedeutungen werden teilweise aufgeführt, allerdings ohne Anwendungsbeispiele.

Aufgrund der Häufigkeit des falschen Artikelgebrauchs bei identischen bzw. ähnlichen Wörtern im Deutschen und Französischen wie beispielsweise *die Gruppe* vs. *le groupe* oder *der Salat* vs. *la salade* wird am Ende des Buches eine kurze Liste dieser Fälle angefügt (s. Anhang).

Um das Auffinden der französischen Äquivalente, die ja nicht immer der Alphabetordnung der deutschen Stichwörter folgen, zu erleichtern, ist am Schluss ein alphabetisches Register der französischen Stichwörter angefügt.

A

Abc n. — 1. ***l'alphabet*** m. *À l'âge de 4 ans, elle connaissait l'alphabet.*
2. ***l'abc*** m. (Grundlagen, Einmaleins) *C'est l'abc de la pédagogie.*

l'abc m. PFF — 1. **Buch zum Lesenlernen** n. (Abc-Buch) *Comme elle savait déjà lire, elle a offert son abc au fils du voisin.*
2. wie oben

Abonnent/in — ***l'abonné,e*** *Les journaux français ont beaucoup moins d'abonnés que les journaux allemands.*

l'abonné,e m./f. PFF — 1. **Abnehmer/in** *Les abonnés au gaz sont nettement avantagés en temps de crise pétrolière.*
2. **Fernsprechteilnehmer/in** *Il n'y a pas d'abonné au numéro que vous avez demandé.*
3. wie oben
auch: **Zeitkarteninhaber/in**

---

abrupt — 1. ***abrupt,e*** (schroff, unvermittelt) *La réponse abrupte de son chef l'a surpris.*
2. ***brusque*** (brüsk, plötzlich) *D'un geste brusque, elle a renversé tout ce qui était sur la table.*

abrupt,e PFF — 1. **steil** *C'est en marchant sur le sentier abrupt qu'il a glissé et s'est blessé.*
2. wie oben

---

absolvieren — 1. ***faire des études*** (machen), ***terminer ses études*** (erfolgreich beenden) *En ce moment, il fait des études de droit aux États-Unis. Cet*

été, elle terminera ses études de mathématiques par un examen d'algèbre.
2. ***passer un examen*** (bestehen) *Maintenant qu'elle a passé son examen de fin d'études, elle va pouvoir partir en vacances.*

absoudre **die Absolution erteilen** *Le prêtre à qui il s'était confessé l'a absous.*

---

absurd ***absurde*** *Apprendre le français en dormant, quelle idée absurde!*

absurde PFF 1. (***être*** ~) **unvernünftig sein, Unsinn reden** *Ne sois pas absurde, tu sais que ton projet est irréalisable!*
2. wie oben

Accessoire n. ***l'accessoire*** m. *Pour mettre avec son tailleur gris, elle s'est acheté des accessoires vert pomme.*

l'accessoire m. PFF 1. **Requisit** n. *Ils n'avaient plus assez d'argent pour acheter des accessoires pour leur pièce de théâtre, alors ils en ont fabriqué.*
2. **Zubehör** n. *Vous trouverez nos nouveaux GPS au rayon des accessoires d'automobiles.*
3. wie oben

accessoire (Adj.) **nebensächlich** *Elle m'a bien fait comprendre que mon avis n'était qu'accessoire.*

Achse f. 1. ***l'axe*** m. (POLITIK, GEOGR., MATH.) *La terre tourne autour de son axe de rotation. Les puissances de l'Axe ont signé un pacte d'amitié en 1936.*
2. ***l'essieu*** m. (TECHN.) *L'essieu avant de sa voiture a cassé sur l'autoroute; il a alors perdu le contrôle de son véhicule.*
auch: ***le pivot*** (Drehbolzen, Angelpunkt) (auch fig.)

l'axe m. PFF 1. **Zielrichtung** f. *L'axe de sa politique ne faisait pas l'unanimité dans son parti.*
2. **Hauptverkehrsweg** m. *Fin juillet, les grands axes autoroutiers sont bouchés en France.*
3. wie oben
auch: **Koordinatensystem** n.

Addition f. ***l'addition*** f. (Zusammenzählen, Addieren) *L'addition s'apprend à l'école en même temps que la soustraction.*

l'addition f. PFF 1. **Rechnung** f. *Il est parti sans payer l'addition.*
2. **Ergänzung** f., **Anfügung** f. *L'addition d'une preuve supplémentaire au dossier lui a été fatale.*
3. wie oben

Administrator/in ***l'administrateur*** m. (COMP.) *L'administrateur doit savoir gérer un réseau, une banque de données et un serveur informatique.*

l'administrateur m. PFF 1. **Verwalter/in** *Son administrateur de biens était malheureusement un homme malhonnête.*
2. wie oben

---

adoptieren ***adopter*** *Ce couple vient d'adopter deux bébés africains.*

adopter PFF 1. **sich zu eigen machen** *Après de longues discussions, il a fini par adopter mon point de vue.*
2. **annehmen, verabschieden** (POLITIK) *Dans la nuit, l'Assemblée a adopté le projet de loi du ministre de l'Intérieur.*
3. wie oben

Adresse f. ***l'adresse*** f. *L'adresse électronique qu'il m'a donnée n'est pas correcte.*

l'adresse f. PFF 1. **Geschicklichkeit** f. *L'adresse de ce joueur de tennis est unique au monde.*
2. wie oben

---

adressieren ***adresser (une lettre à qn)*** *Cette lettre m'est adressée, c'est à moi de la lire.*

adresser PFF 1. **(aus)richten, richten an** *Adressez-lui le bonjour de ma part! Ne lui adresse pas la parole, il est de mauvaise humeur.*
2. wie oben

---

adrett 1. ***coquet,te*** (ansprechend, hübsch) *Elle était toujours d'une élégance très coquette.*
2. ***soigné,e*** (gepflegt) *Ce jour-là, il avait fait un effort; sa tenue était soignée.*

adroit,e 1. **geschickt** *Il n'a jamais été adroit de ses mains.*
2. **raffiniert** *Son discours de politique générale était adroit, ses adversaires ne peuvent rien lui reprocher.*

Advokat/in (Österreich, Schweiz) ***l'avocat,e*** (Rechtsanwalt/-anwältin) *L'accusé n'a pas pu choisir son avocat.*

l'avocat,e PFF 1. **Avocado** f. (***l'avocat*** m.) *J'ai acheté deux avocats au marché ce matin.*
2. wie oben

Affäre f. 1. ***l'affaire*** f. *Elle a réussi à se tirer d'affaire.*
2. ***l'aventure (amoureuse)*** (Liebesverhältnis) f. *Leur aventure s'est terminée très vite, elle a trouvé un autre amant.*

l'affaire f. PFF 1. **Geschäft** n., **Absatz** m., **Umsatz** m. *Ses*

affaires ne marchent pas très bien en ce moment.
2. **Sachen** f. Pl. *Range tes affaires!*
auch: **Angelegenheit** f.
3. wie oben

---

affektiert — ***affecté,e*** *Ses manières affectées me déplaisent, je préfère un style plus naturel.*

affecté,e PFF — 1. **betroffen, betrübt** *Il a été très affecté par la mort de sa femme.*
2. wie oben

---

affirmativ — ***affirmatif,-ive*** (positiv, zustimmend, bejahend) *Tu n'as pas besoin de lui poser la question, je sais que sa réponse sera affirmative.*

affirmatif,-ive PFF — 1. **bestimmt** *Sur un ton affirmatif, il nous a demandé de quitter la salle.*
2. wie oben

Agenda f. — ***l'agenda*** m. (POLITIK) *L'Agenda 2010 n'est pas apprécié par tous les partis politiques allemands.*

l'agenda m. PFF — 1. **Termin-, Taschenkalender** m., **Notizbuch** n. *Je note tous les anniversaires de mes amis dans mon agenda.*
2. wie oben

Agent/in — ***l'agent*** m. *Il a travaillé comme agent secret pour le compte de la France.*

l'agent m. PFF — 1. **Wirkstoff** m., **Substanz** f. *Certains agents chimiques sont à l'origine de sa maladie.*
2. **Vermittler/in** *L'agent immobilier nous a convaincus d'acheter cette maison.*
3. wie oben
auch: **Verkehrspolizist/in**

---

agieren *agir* (handeln) *Le moment d'agir n'est pas encore venu.*

agir PFF 1. **wirken** *Les antibiotiques agissent au bout de deux ou trois jours.*
2. wie oben

Agitation f. ***la propagande*** (intensive politische Werbung, politische Hetze) *Dans les années 60, il passait son temps libre à faire de la propagande à l'université.*

l'agitation f. 1. **Unruhe** f., **Erregung** f., **Nervosität** f. *Depuis son arrivée chez ses parents, il était dans un état d'agitation inexplicable.*
2. **heftige Bewegung** f., **Wogen** f. Pl. *L'agitation de la mer en Normandie est un phénomène courant.*
auch: **Aufruhrstimmung** f., **Gärung** f. (POLITIK)

---

agitieren ***faire de la propagande*** *Elle fait de la propagande pour la cause des mineurs chinois.*

agiter 1. **schütteln** *Agitez le flacon avant d'ouvrir!*
2. **schwenken, winken** (mit einem Taschentuch) *Elle agitait le drapeau du parti en tête de la manifestation.*

Akademiker/in 1. ***l'universitaire*** m./f. *Malgré toutes les difficultés, elle a choisi une carrière d'universitaire.*
2. ***le/la diplômé,e (de l'université)*** *Les diplômés ont aussi de plus en plus de mal à trouver du travail.*

l'académicien, -cienne **Mitglied der Akademie** n. (besonders der ***Académie des Sciences*** oder der ***Académie Française***) *Il a toujours rêvé de devenir académicien.*

Akkord m. — 1. ***l'accord*** m. (MUSIK) *Elle a joué quelques accords au piano et tout le monde s'est tu.*
2. ***le travail aux pièces*** (Stücklohn) *Dans cette usine, on ne proposait que du travail aux pièces.*

l'accord m. PFF — 1. **Überein-, Zustimmung** f. *Après plusieurs heures de discussion, ils s'étaient mis d'accord.*
2. **Vereinbarung** f. *Elle a refusé de signer cet accord.*
3. wie oben

---

akquirieren — ***gagner*** (werben, gewinnen) *En une année, il a gagné de nombreux clients supplémentaires.*

acquérir — 1. **(sich) anschaffen, erwerben** *Grâce à ses affaires, il a acquis de nouveaux terrains.*
2. **sammeln, sich aneignen** *Elle est en train d'acquérir les connaissances indispensables pour se lancer dans cette entreprise.*

Akt m. — 1. ***l'acte*** m. (Handlung, Tat; Theater~) *Cette pièce de théâtre était mauvaise, nous sommes partis au deuxième acte. Par un acte solennel, il a inauguré la nouvelle mairie.*
2. ***le nu*** (FOTOGR., KUNST) *Ce peintre ne fait que des nus féminins.*

l'acte m. PFF — 1. **Urkunde** f. *Son acte de naissance mentionne qu'il est né à Paris.*
2. wie oben
auch: **Apostelgeschichte** f. ***les Actes des Apôtres*** m. Pl.

Akte f. — ***le dossier*** *Le juge n'a rien trouvé de particulier dans son dossier.*

l'acte m. — wie oben

---

aktiv — ***actif,-ive*** (tatkäftig, betriebsam, rege) *Il est membre actif de cette association pour handicapés.*

actif,-ive PFF 1. **erwerbstätig, Erwerbs...** *Il n'est pas encore entré dans la vie active.*
2. wie oben

Aktivität f. — ***l'activité*** f. *Ses nombreuses activités ne lui laissent pas beaucoup de temps libre.*

l'activité f. PFF 1. **Tätigkeit** f. *En ce moment, il n'a pas d'activité professionnelle.*
2. **aktiver Dienst** m. *Cet enseignant est encore en activité.*
3. wie oben

Aktualität f. — ***l'actualité*** f. *Cette question n'est plus du tout d'actualité.*

l'actualité f. PFF 1. **Zeit-, Tagesgeschehen** n. *L'actualité politique de ces derniers mois est alarmante.*
2. **Nachrichten** f. Pl. *Je ne manque jamais les actualités télévisées du soir.*
3. wie oben

---

aktuell — ***actuel,le*** *Ce film qui traite de la jeunesse des années 80 n'est plus vraiment actuel.*

actuel,le PFF 1. **derzeitig, gegenwärtig** *À l'heure actuelle, la France est en crise.*
2. wie oben

Akzent m. — ***l'accent*** m. (Aussprache, Betonung) *L'allemand n'était pas sa langue maternelle. Elle le parlait avec un fort accent. En français, l'accent porte presque toujours sur la dernière syllabe.*

l'accent m. PFF 1. **Unterton** m., **Beiklang** m. *Ses discours prennent toujours un accent pathétique.*
2. wie oben

---

alarmieren 1. ***alarmer*** (aufschrecken, warnen) *Ses cris ont alarmé tout le quartier.*
2. ***alerter*** (zur Hilfe rufen) *On a dû alerter les pompiers pour éteindre l'incendie.*

alarmer PFF 1. **beunruhigen** *Sa maladie a alarmé son entourage.*
2. wie oben

Alimentation f. ***l'octroi d'une pension alimentaire*** m. *Heureusement, elle a obtenu l'octroi d'une pension alimentaire, sinon, elle n'aurait pas pu s'en sortir.*

l'alimentation f. 1. **Ernährung** f. *L'alimentation des jeunes Français aujourd'hui est catastrophique, alors ils grossissent trop.*
2. **Versorgung** f. *L'alimentation en eau et en électricité a été coupée toute la journée.*

Alimente n. Pl. ***la pension alimentaire*** *Son ex-mari est au chômage, il ne peut pas lui verser de pension alimentaire.*

les aliments m. Pl. **Lebensmittel** n. Pl. *Les aliments riches en graisse ne sont pas toujours bons pour la santé.*

Alkoholika n. Pl. ***les boissons alcoolisées*** f. Pl. *Nous ne vendons pas de boissons alcoolisées aux moins de 18 ans.*

l'alcoolique m./f. **Alkoholiker/in** *Les alcooliques sont intoxiqués par l'alcool.*

---

alkoholisch ***alcoolique*** *Elle a été transportée à l'hôpital dans un délire alcoolique profond.*

alcoolique PFF 1. **alkoholkrank** *Depuis sa jeunesse, il était alcoolique; il est mort d'un cancer du foie.*
2. wie oben

Allee f. 1. ***l'avenue*** f. (Prachtstraße, breite Straße) *Pour aller dans ce restaurant, tournez à gauche dans l'avenue des Ternes.*
2. ***le boulevard*** (breite Ringstraße) *C'était un boulevard toujours embouteillé malgré sa largeur.*
3. ***l'allée*** f. (von Bäumen/Grünflächen gesäumte Straße) *Une allée de peupliers menait tout droit au château.*

l'allée f. PFF wie oben

Allianz f. ***l'alliance*** f. (Bündnis) *Les deux États ont conclu une alliance pour se défendre contre leur ennemi commun.*

l'alliance f. PFF 1. **Verschwägerung** f. *Depuis le mariage de leurs enfants, ils sont parents par alliance.*
2. **Trau-, Ehering** m. *Les époux ont échangé leurs alliances.*
3. wie oben
auch: **Verbindung** f., **Vereinigung** f.

Alliierte m. ***l'allié*** m. (POLITIK) *Le président colombien est un allié important des États-Unis en Amérique latine.*

l'allié,e m./f. PFF 1. **Verbündete/r** (fig.) *Elle a accepté de le soutenir, il a trouvé en elle sa meilleure alliée.*
2. wie oben

Allüren f. Pl. ***les manières*** f. Pl. (Benehmen) *Toutes ces manières m'énervent!*

l'allure f. 1. **Gang** m. *Quand elle marchait, elle avait l'allure d'un tigre.*
2. **Geschwindigkeit** f. *Nous n'avons mis que deux heures pour venir; nous avons roulé à toute allure.*

3. **Aussehen** n. *Cette voiture a une drôle d'allure. Où l'as-tu trouvée?*

Amateur/in ***l'amateur*** m. *Regarde ce qu'il a fait. C'est vraiment du travail d'amateur!*

l'amateur m. PFF 1. **Liebhaber/in, Freund/in** (von Dingen) *C'est un amateur d'art, il ne manque aucune exposition.*
2. wie oben

Ambulanz f. 1. ***l'hôpital de jour*** m. (~ im Krankenhaus) *Pour se faire sa dialyse, il devait se rendre à l'hôpital de jour.*
2. ***l'infirmerie*** f. (kleine Erste-Hilfe-Station für ambulante Behandlungen) *Une machine venait de lui couper un doigt alors il s'est rendu à l'infirmerie de l'usine.*
3. ***l'ambulance*** f. (Krankenwagen) *Elle a entendu la sirène de l'ambulance.*

l'ambulance f. PFF wie oben

Amphitheater n. ***l'amphithéâtre*** m. *Cet été en Grèce, il a visité tous les amphithéâtres antiques.*

l'amphithéâtre m. PFF 1. **Hörsaal** m., **Auditorium** n. *Les étudiants attendent le professeur dans le grand amphithéâtre.*
2. wie oben

Ampulle f. ***l'ampoule*** f. (MED.) *Elle devait prendre chaque matin deux ampoules de vitamines.*

l'ampoule f. PFF 1. **Glühbirne** f. *Pour sa nouvelle lampe, il a dû acheter une ampoule spéciale.*
2. **Blase** f. (unter der Haut) *Il a mis ses nouvelles chaussures pour partir en excursion et maintenant, il a des ampoules aux pieds.*
3. wie oben

(sich) amüsieren 1. ***(s')amuser*** (Spaß/Vergnügen haben/machen) *Nous nous sommes amusés comme des fous. Les histoires qu'il raconte m'amusent toujours.*
2. ***se moquer de qn*** (sich über jdn. lustig machen) *Tout le monde s'est moqué de sa coiffure.*

(s')amuser PFF wie oben
auch: **die Zeit vertrödeln**

Animateur/in ***l'animateur, -trice*** *Pour travailler dans des colonies de vacances, il a passé son diplôme d'animateur.*

l'animateur, -trice PFF 1. **Moderator/in** *Après 30 ans de carrière dans la télévision, cet animateur est parti travailler pour une radio privée.*
2. **Gesprächsleiter/in** *Je n'ai pas les qualités nécessaires pour être un bon animateur de débats.*
3. wie oben

---

animieren ***entraîner à qc, inciter à qc*** (zu etwas ermuntern) *C'est lui qui m'a incité à boire, je me suis laissé entraîner.*

animer 1. **Leben in etwas bringen** *Le marché aux puces a animé le quartier ce week-end.*
2. **mit Leben erfüllen, zum Leben erwecken** *C'est un grand sculpteur, il réussit à animer la pierre.*

Annonce f. ***la (petite) annonce*** *Elle a mis une annonce dans le journal pour vendre sa voiture.*

l'annonce f. PFF 1. **Ankündigung** f. *L'annonce de leur mariage a bouleversé le monde politique parisien.*
2. wie oben
auch: **Ansage** f.

annoncieren	***passer une annonce*** *Il a passé une annonce pour trouver un emploi.*
annoncer	**ankündigen** *L'entreprise a annoncé le licenciement de 1000 personnes avant Noël.*

anonym	***anonyme*** *L'auteur de cette lettre a préféré rester anonyme par crainte de poursuites.*
anonyme PFF	1. **nichtssagend** *Son apparence était plutôt anonyme; elle passait facilement inaperçue.* 2. wie oben auch: **Aktiengesellschaft** f. ***la société anonyme***

Anonymität f.	***l'anonymat*** m. *Elle aime l'anonymat des grandes villes car elle s'y sent plus libre.*
anonymité	Ø

antik	1. ***antique*** (die Antike betreffend) *Ce musée a une belle collection de vases antiques de l'époque romaine.* 2. ***ancien,ne*** (sehr alt: Möbel, Schmuck) *Mes parents aiment les meubles anciens, moi je préfère le moderne.*
antique PFF	1. **uralt, altmodisch** *J'ai une télévision antique de l'époque du noir et blanc.* 2. wie oben

Antike f.	***l'Antiquité*** f. *L'Antiquité est une période de l'histoire aimée de Napoléon.*
l'antique m.	**antikes Kunstwerk** n. *Cette copie d'antique est admirable.*

antiquarisch	***d'occasion*** *J'ai acheté un livre d'occasion au marché aux puces.*

antiquaire (Adj.) Ø

Antiquität(en) f. Pl. ***les antiquités*** f. Pl., ***l'objet d'art ancien*** m. *C'est un objet d'art ancien unique au monde.*

l'Antiquité f. **Antike** f. *L'Antiquité précède le Moyen Age.*

l'antiquité f. PFF 1. **Vorzeit** f., **Altertum** n. *C'est une vieille histoire. Elle remonte à l'antiquité.*
2. wie oben

Apartment n. ***le studio*** (kleine Wohnung) *Son studio est très petit mais il est aménagé avec beaucoup de goût.*

l'appartement m. **Wohnung** f. *Mes parents ont acheté un appartement de trois pièces à Bordeaux.*

Apparat m. ***l'appareil*** m. (TECHN., POLITIK) *Je n'ai plus d'appareil photo, on me l'a volé. L'appareil étatique de ce pays est très lourd.*

l'apparat m. **Pomp** m., **Prunk** m. *Les invités étaient en tenue d'apparat.*

Appell m. ***l'appel*** m. (Aufruf) *L'appel à la libération de tous les prisonniers politiques a recueilli beaucoup de signatures.*

l'appel m. PFF 1. **Rufen** n., **Ruf** m. *J'ai entendu un appel strident dans la forêt. J'ai reçu un appel téléphonique d'un ami.*
2. **namentlicher Aufruf** m. *L'appel a lieu tous les matins dans la cour de l'école.*
3. wie oben
auch: **Lichthupe** f. ***l'appel de phares*** m.

---

appellieren ***exhorter, en appeler à, faire appel à*** *Les députés exhortent le gouvernement à agir rapidement pour faire libérer les otages.*

appeler 1. **an-, aufrufen, rufen** *Je l'ai appelée car elle ne m'avait pas vue. Il m'a appelée sur mon portable pour me donner rendez-vous au café.*

2. **nennen** *Ils ont appelé leur dernier enfant Timothée.*
3. **jdn. in ein Amt / auf einen Posten berufen** *Le président a appelé de nouveaux ministres au gouvernement.*

---

apropos ***à propos de, en parlant de*** *À propos de cinéma, si on y allait ce soir?*

à propos PFF 1. **angezeigt, ratsam** *Il n'a pas jugé à propos d'accepter son invitation.*
2. wie oben
auch: **zur rechten/unrechten Zeit** ***bien/mal à propos***

(sich) arrangieren ***s'arranger (avec qn), faire un compromis (avec qn), se faire une raison*** *Ils se sont arrangés pour ne plus avoir de disputes en public. Il faut que tu te fasses une raison, il ne reviendra pas.*

(s')arranger PFF 1. **sich bessern, sich regeln** *Sa santé s'est arrangée et j'en suis très contente.*
2. **sich zurechtmachen** (ugs.) *Arrange-toi un peu, tu ne peux pas sortir comme ça.*
3. wie oben

Arrest m. 1. ***la détention, l'incarcération*** f. *Le dissident a passé quelques jours en détention avant d'être libéré.*
2. ***l'interdiction de sortie*** f. (Hausarrest) *Mes parents m'ont donné une interdiction de sortie car je n'ai pas bien travaillé à l'école.*

l'arrêt m. 1. **(An-)Halten** n. *Il ne faut pas descendre avant l'arrêt du train.*
2. **Stillstand** m., **Stopp** m. *L'arrêt des exportations lui a coûté cher. Il est mort d'un arrêt cardiaque.*
auch: **Haltestelle** f., **Entscheidung** f. (RECHTSSPR.)

Art f.	1. ***l'espèce*** f. (Gattung) (BIOL.) *Certaines espèces d'animaux sont en voie de disparition.* 2. ***la sorte*** (Art), ***le genre*** (Kunstrichtung) *J'aime beaucoup ce genre de musique.* 3. ***la manière*** (Art und Weise, Handlungsweise) *Je n'aime pas la manière dont il se comporte avec le personnel.*
l'art m.	**Kunst** f. (auch fig.) *De tous les arts, c'est la peinture que je préfère. Il a l'art de charmer tout le monde.*
artikulieren	1. ***articuler, prononcer*** (aussprechen) *Peux-tu faire l'effort de bien articuler, je ne te comprends pas?* 2. ***formuler, exprimer*** (ausdrücken) *Ils ont exprimé leur colère par des sifflets.*
articuler PFF	1. **strukturieren** *Il est important de bien articuler ses idées.* 2. wie oben
Artist/in	***l'artiste de cirque*** m./f., ***~ de music-hall*** m./f., ***l'acrobate*** m./f. *Dans sa famille, tout le monde est artiste de music-hall depuis des générations.*
l'artiste m./f.	1. **Künstler/in** *Picasso est un des plus grands artistes du XX*[e] *siècle.* 2. **Schauspieler/in, Interpret/in** (KINO, THEATER, Chanson) *Marlon Brando est mon artiste de cinéma préféré.*
Aspekt m.	***l'aspect*** m., ***le point de vue*** (Gesichtspunkt, Sichtweise, Seite einer Sache) *C'est un aspect de son caractère très agréable. Je ne vois pas les choses sous le même point de vue que toi.*

l'aspect m. PFF 1. **Aussehen** n., **Anblick** m. *Je n'aime pas l'aspect de cette personne, elle me fait peur.*
2. wie oben

Assistent/in 1. ***l'assistant,e*** *Il est assistant technique à l'université de Grenoble.*

l'assistant,e PFF 1. **Anwesende/r** *L'assemblée comptait si peu d'assistants que la conférence n'a pas eu lieu.*
2. wie oben
auch: **Sozialarbeiter/in** ***l'assistant,e social,e*****, Zahnarzthelfer/in** ***l'assistant,e dentaire*****, Kindergartenhelfer/in** ***l'assistant,e maternel,le***

---

assistieren ***assister*** *L'étudiant en médecine a assisté le professeur pendant l'opération.*

assister PFF 1. **beistehen** *J'ai assisté le mourant jusqu'au dernier moment.*
2. **teilnehmen, ansehen** *J'ai assisté à un beau spectacle.*
3. wie oben

Assoziation f. ***l'association*** f. (Verknüpfung von Vorstellungen, Verbindung) *C'est une association d'idées assez bizarre. Cette association de couleurs n'est pas très heureuse.*

l'association f. PFF 1. **Verein** m., **Vereinigung** f., **Verband** m., **Gesellschaft** f. *Il fait partie de l'association sportive de son école.*
2. wie oben

---

assoziieren ***associer*** (in Verbindung bringen) *On associe toujours le fromage et le vin à la France.*

associer PFF 1. **beteiligen, teilhaben lassen** *Ils nous ont associés à leur nouveau projet. Elle m'a associée à sa joie.*
2. wie oben

Ästhetiker/in ***l'esthéticien,-cienne*** (Vertreter/in oder Lehrer/in der Ästhetik) *Il est esthéticien et historien de l'art.*

l'esthéticien,-cienne PFF 1. **Kosmetiker/in** *Elle va une fois par mois chez l'esthéticienne pour un nettoyage de peau.*
2. wie oben

Asyl n. ***l'asile*** m. (Zufluchtsort, Heim für Obdachlose) *Les demandes d'asile politique sont nombreuses. Il n'a pas de domicile fixe et dort dans un asile de nuit.*

l'asile m. PFF 1. **Unterschlupf** m. *J'ai trouvé un asile provisoire chez des amis.*
2. wie oben

Atelier n. ***l'atelier*** m. *J'ai visité l'atelier du sculpteur.*

l'atelier m. PFF 1. **Werkstatt** f. *J'ai apporté ma voiture à l'atelier de carrosserie.*
2. **(Arbeits-)Gruppe** f., **Workshop** m. *Nous avons travaillé par ateliers.*
3. wie oben

attackieren ***attaquer*** (angreifen, überfallen) *Le député a violemment attaqué le ministre.*

attaquer PFF 1. **zerstören, befallen** *Les vers ont attaqué nos meubles anciens. C'est une catastrophe.*
2. **in Angriff nehmen, anpacken, beginnen** (ugs.) *Il est temps d'attaquer un autre morceau au piano.*
3. wie oben

Attest n. ***le certificat (médical)*** *J'ai besoin d'un certificat médical pour l'école.*

**atteste* (Subst.) Ø

l'attestation f. **Bescheinigung** f., **Nachweis** m. *J'ai perdu mon attestation d'assurance automobile. J'ai besoin d'une attestation de travail.*

Attitüde f. 1. ***l'attitude*** f. (Einstellung, Haltung) *Il prend toujours l'attitude de celui qui ne sait rien.*
2. ***la pose*** (Stellung, Pose) *Cette pose est grotesque. Soyez plus naturel!*

l'attitude f. PFF 1. **Körperhaltung** f. *Vous avez une mauvaise attitude. Tenez-vous droit!*
2. **Verhalten** n. *Son attitude en classe est inacceptable.*
3. wie oben

---

attraktiv 1. ***attractif,-ive, intéressant,e*** (verlockend) *J'ai acheté ce meuble à un prix très attractif.*
2. ***attirant,e, séduisant,e*** (gut aussehend) *Je trouve cet acteur américain très attirant.*

attractif,-ive PFF 1. **Anziehungskraft habend, anziehend** (NATURW.) *Cet aimant a une très grande force attractive.*
2. wie oben

Auditorium n. 1. ***l'amphithéâtre*** m. (Hörsaal) *Mon cours a lieu dans le grand amphithéâtre de la Sorbonne.*
2. ***l'auditoire*** m. (Zuhörerschaft) *L'auditoire était peu nombreux.*

l'auditorium m. **Sendesaal** m., **Tonaufnahmestudio** n. *J'ai rendez-vous à l'auditorium de Radio-France pour l'enregistrement d'une émission.*

Autogramm n. ***l'autographe*** m. *J'ai un autographe de Serge Gainsbourg dans ma collection.*

****autogramme*** Ø

Automat m. — ***le distributeur automatique*** *Le distributeur automatique de ma banque est en panne.*

l'automate m. — **Roboter** m. *Les automates auront bientôt remplacé les hommes. Il marche comme un automate.*

Autor/in — ***l'auteur, eure*** (Verfasser/in, Urheber/in, Schöpfer/in) *C'est un auteur de romans policiers et de scénarios de films. Qui est l'auteur de ce tableau?*

l'auteur, eure PFF — 1. **Täter/in** *L'auteur du crime a été identifié.*
2. wie oben

Autorität f. — ***l'autorité*** f. (Macht; bedeutende/r Fachmann/Fachfrau, Kapazität) *Ce professeur n'a pas d'autorité dans sa classe. Ce chercheur est une autorité dans le domaine scientifique.*

l'autorité f. PFF — 1. **Behörde** f. *Une autorité administrative de lutte contre les discriminations est en projet.*
2. wie oben

---

avancieren — ***monter en grade*** (in eine höhere Stellung / einen höheren Rang aufrücken) (MILIT.) *L'officier est monté en grade, il a eu de l'avancement.*

avancer — 1. **vorrücken** *Merci d'avancer la chaise vers moi.*
2. **voran-, weiterkommen** *Tu n'as pas avancé dans ton travail.*
3. **vorstrecken, -schießen** *Peux-tu m'avancer de l'argent? Je n'ai plus un sou.*
auch: **vorbringen, behaupten** ***avancer des faits***

B

Bagage f. ***la racaille*** (Gesindel), ***la smala*** (ugs.) (Sippschaft) *Il ne fréquente que la racaille bourgeoise des beaux quartiers. Je pensais qu'elle viendrait seule et elle est venue avec toute la smala.*

le(s) bagage(s) m. 1. **Gepäckstück** n., **Gepäck** n. *On m'a volé mes bagages dans le coffre de la voiture.*
2. **Rüstzeug** n. (fig.) *Son bagage intellectuel est quasi nul.*

---

bagatellisieren ***minimiser*** *La violence et le racisme existent, il ne faut pas les minimiser.*

**bagatelliser* Ø

Baguette n. ***la baguette*** (Stangenbrot) *Les baguettes de mon boulanger sont vraiment délicieuses.*

la baguette PFF 1. **Stab** m., **Stock** m. *Autrefois, les maîtres d'école donnaient des coups de baguette sur les doigts.*
2. wie oben

Baiser n. ***la meringue*** *J'ai fait des meringues au chocolat pour le dessert.*

le baiser 1. **Kuss** m. *Je lui ai fait un baiser sur le front.*
2. **Grüße** m. Pl. *Bons baisers de Paris.*

Balance f. ***l'équilibre*** m., ***la balance*** (Gleichgewicht) *La crise économique menace l'équilibre social.*

la balance PFF 1. **Waage** f. *Il s'est acheté une balance pour contrôler son poids.*
2. wie oben
auch: **Bilanz** f. (WIRTSCH.) ***la balance commerciale***

Ballon m. — ***le ballon*** (Luft~), ***la montgolfière*** (Heißluft~) *Il a mis des ballons de toutes les couleurs à ses fenêtres. J'aimerais faire le tour du monde en montgolfière.*

le ballon PFF — 1. **Ball** m. *Viens jouer au ballon avec moi!*
2. **bauchiges Weinglas** n. *J'ai commandé un ballon de rouge.*
3. wie oben

Band n. — 1. ***le ruban*** (Stoff~) *Elle a un joli ruban de velours dans les cheveux.*
2. ***le ligament*** (ANAT.) *Je me suis déchiré les ligaments du genou en faisant du ski.*
3. ***la bande*** (TECHN.) *La conversation est enregistrée sur bande magnétique.*

Band m. — ***le volume*** (Buch~) *Je possède un dictionnaire en six volumes.*

Band f. — ***l'orchestre*** m., ***le groupe*** (MUSIK) *Il joue dans un groupe de rock.*

Bande f. — ***la bande*** (Verbrecher~) *C'est une bande de malfaiteurs.*

la bande — 1. **Gruppe** f., **Schar** f. *J'ai croisé une bande d'enfants déguisés dans la rue.*
2. **Streifen** m. *Il vit sur une étroite bande de terre entre la forêt et la mer.*
3. **Binde** f. (MED.) *J'ai une bande élastique autour de la main car je me suis blessée.*
auch: **Comic** m. ***la bande dessinée***

---

bandagieren — ***bander*** *On lui a bandé les deux jambes, il ne peut plus marcher.*

**bandager* — Ø

Bank f. — 1. ***le banc*** (Sitzbank, Bank [GEOL.]) *Tous les bancs sont occupés. C'est un beau banc de sable.*

2. ***la banque*** (Geldinstitut) *Je ne fais plus confiance à ma banque, je vais en changer.*

le banc PFF 1. **Schwarm** (Fische) m. *Nous avons vu de magnifiques bancs de poissons.*
2. wie oben

la banque PFF wie oben
auch: **Datenbank** (COMP.) ***la banque de données***

Batterie f. 1. ***la pile*** *La pile de ma lampe de poche est usée.*
2. ***la batterie*** (Auto) *Il faut que je remplace la batterie de ma voiture, elle est très faible.*

la batterie PFF 1. **Reihe** f. (ugs.) *J'ai passé une batterie de tests pour pouvoir entrer dans cette école.*
2. **Schlagzeug** n. *Mon fils joue de la batterie dans un orchestre de jazz.*
3. wie oben

Benzin n. ***l'essence*** f. *Le prix de l'essence est en constante augmentation.*

la benzine **Waschbenzin** n. *La benzine se vend en droguerie.*

Bibliothek f. ***la bibliothèque*** (Bücher, Gebäude) *Mon oncle possédait une bibliothèque de grande valeur. Je vais souvent travailler à la Bibliothèque nationale de Paris.*

la bibliothèque PFF 1. **(Stadt-)Bücherei** f. *Tu dois rendre tes livres avant demain à la bibliothèque.*
2. **Bücherschrank** m., **-wand** f., **-regal** n. *Je me suis fait construire une bibliothèque dans mon nouvel appartement.*
3. wie oben

Bilanz f.	1. ***le bilan*** (Geschäfts~) (auch fig.) *Le passif du bilan est l'image de ce que doit l'entreprise.* 2. ***la balance (commerciale)*** (Handels~) *Ce pays a une balance commerciale excédentaire.*
le bilan PFF	wie oben auch: **Konkursanmeldung** f. ***le dépôt de bilan*****, Check-up** m. ***le bilan de santé***
bilanzieren	***établir/dresser le bilan (de)*** *Nous avons dressé le bilan de cette entreprise, il est satisfaisant.*
*****bilancer***	Ø
blamabel	***lamentable, honteux,-euse*** *Le débat entre les deux candidats s'est terminé de façon lamentable.*
blâmable	**tadelnswert** *Le député a tenu des propos blâmables à l'égard du ministre.*
Blamage f.	***l'humiliation*** f. *Cette défaite est une véritable humiliation.* auch: ***il s'est ridiculisé*** **das ist eine Blamage für ihn**
*****blâmage***	Ø
(sich) blamieren	***(se) ridiculiser*** *Il ne faut jamais avoir peur de se ridiculiser.*
blâmer	**tadeln, missbilligen, zurechtweisen** *Toutes ses amies l'ont blâmée d'avoir agi ainsi.*
blank	1. ***brillant,e*** (glänzend) *Je me suis acheté un plat en métal brillant.* 2. ***nu,e, à vif*** (Nerven) *Je suis épuisée, j'ai les nerfs à vif.* auch: ***être à sec*** **blank sein** (ugs.)

blanc, blanche 1. **weiß** *Attention au soleil, tu as la peau blanche!*
2. **unbedruckt, leer** *Les écrivains ont souvent peur de la page blanche.*
3. **sauber, rein** *Je me sens blanc de toute faute.*
auch: **Scheinehe** f. ***le mariage blanc*, schlaflose Nacht** f. ***la nuit blanche***

Blockade f. ***le blocus*** *Pendant le blocus, la ville de Berlin était ravitaillée par voie aérienne.*

***blockade** Ø

---

blockieren ***(se) bloquer, obstruer*** *Les négociations sont bloquées. Le passage était obstrué, je n'ai pas pu passer.*

bloquer 1. **zusammenlegen** *J'ai bloqué tous mes cours sur deux jours.*
2. wie oben
auch: **Preise** m. Pl. / **Gehälter** n. Pl. **einfrieren** ***bloquer les prix*** m. Pl. / ***les salaires*** m. Pl.

---

blondieren ***décolorer, oxygéner*** *Elle s'est fait décolorer les cheveux pour ressembler à son idole.*

blondir 1. **heller werden** (Haare) *Mes cheveux blondissent dès que je vais au soleil.*
2. **anbräunen** (GASTR.) (***faire ~***) *Faire légèrement blondir les oignons avant de les mélanger à la viande.*

Bluse f. ***le chemisier*** (~ mit Kragen), ***le corsage*** (elegant geschnittene ~) *Je déteste les chemisiers, je préfère les T-shirts.*

la blouse **(Arbeits-)Kittel** m., **Kittelschürze** f. *Dans mon école, on devait porter une blouse bleue ornée de son nom.*

Bombe f. — ***la bombe*** (MILIT.) (auch fig.) *Une bombe a explosé hier dans le métro. Cette nouvelle a fait l'effet d'une bombe.*

la bombe PFF — 1. **Spray(dose)** f. *J'ai découvert plusieurs bombes insecticides dans le placard de la cuisine.*
2. wie oben

Bon m. — 1. ***le bon*** (Gutschein) *Ces bons donnent droit à 15 % de réduction dans tout le magasin.*
2. ***le ticket*** (Essens~) *Pourrais-tu me donner un ticket restaurant?*
auch: ***le ticket de caisse*** **Kassenbon** m., ***le bon de commande*** **Bestellschein** m.

le bon PFF — wie oben

Bordell n. — ***le bordel*** *Les bordels sont interdits en France depuis 1950.*

le bordel PFF — 1. **Chaos** n., **Saustall** m. (ugs.) *Comment peux-tu trouver quelque chose dans ce bordel?*
2. wie oben

Bouillon f. — ***le bouillon gras*** (Brühe), ***le consommé*** (Kraftbrühe) *Je voulais une salade, on m'a servi un bouillon de légumes.*

le bouillon PFF — 1. **(Dampf-)Blase** f., **Aufkochen** n. *Quand l'eau bout à gros bouillons, il faut y mettre les pâtes.*
2. wie oben

Boutique f. — ***la boutique*** (Modegeschäft) *Les boutiques de mode se trouvent toutes dans le centre-ville.*

la boutique PFF — 1. **Laden** m. *J'habite entre la boutique de fruits et légumes et celle du cordonnier.*
2. wie oben

Branche f. — ***la branche*** (WIRTSCH.) *Il y a beaucoup de chômage dans cette branche de l'industrie.*

la branche PFF 1. **Ast** m., **Zweig** m., **Familienzweig** m. *Il faut couper les branches car elles touchent les fils électriques. J'ai fait des recherches sur ma branche paternelle.*
2. wie oben

---

brav — ***sage, gentil,-ille*** (Person, Frisur, Kleid) *Ces enfants sont très sages. Elle porte toujours des tenues très sages.*

brave 1. **mutig** *Face au danger, elle a été très brave.*
2. **ehrlich und gut** (vorangestelltes Adj.) *Ce sont de braves gens.*

---

brillant — ***brillant,e*** (hervorragend) *La campagne électorale a été brillante.*

brillant,e PFF 1. **glänzend, leuchtend** *Tu as les yeux brillants, tu as sûrement de la fièvre.*
2. wie oben

---

brisant — ***brûlant,e, explosif,-ive*** (heikel) *C'est un sujet brûlant, je ne souhaite pas en parler.*

****brisant,e*** (Adj.) Ø

Büro n. — ***le bureau*** (Raum) *Le directeur de l'entreprise m'a reçu dans son bureau.*

le bureau PFF 1. **Schreibtisch** m. *C'est un bureau Louis XV.*
2. **Dienststelle** f., **Verwaltung** f., **Amt** n. *Je dois aller au bureau de poste pour acheter des timbres.*
3. **Vorstand** m., **Präsidium** n. *Il fait partie du bureau de ce syndicat depuis deux ans.*
4. wie oben
auch: **Tabakladen** m. ***le bureau de tabac***, **Wahllokal** n. ***le bureau de vote***

Button m.	***le badge*** *Les employés portent un badge avec le logo de leur entreprise.*
le bouton	1. **Knospe** f. *C'est bientôt le printemps, les fleurs sont en boutons.* 2. **Pickel** m., **Bläschen** n. *Ce pauvre enfant a la varicelle, il est couvert de boutons.* 3. **Knopf** m. *Il manque un bouton à ta chemise. Le bouton de la sonnette ne fonctionne plus.* 4. **(Maus-)Taste** f. (COMP.) *Il faut appuyer sur le bouton droit de la souris.*

C

Café n. — ***le salon de thé*** *Ce salon de thé est très réputé pour ses pâtisseries.*

le café — 1. **Kaffee** m. *Ce café est trop amer, je ne peux pas le boire.*
2. **Kneipe** f., **Lokal** n. *Tous les matins, je vais au café lire mon journal.*

Caravan m. — 1. ***la caravane*** (Wohnwagen) *Ils ont loué une caravane dans un camping de bord de mer pour les prochaines vacances.*
2. ***le break*** (Kombiwagen) *Les Japonais viennent de lancer sur le marché un nouveau break très confortable.*

la caravane PFF — 1. **Karawane** f. *J'ai vu dans le désert de longues caravanes de dromadaires.*
2. wie oben

Champignon m. — ***le champignon de Paris*** *Le champignon de Paris est une variété facile à cultiver.*

le champignon — **Pilz** m. (BOT., MED.) *As-tu déjà ramassé des champignons dans la forêt?*

Champion m. — ***le champion*** (SPORT) *Cassius Clay a été un des plus grands champions de boxe du monde.*

le/la champion,-onne PFF — 1. **Kämpfer/in, Verfechter/in** *Il s'est fait le champion de la cause des droits de l'enfant.*
2. **Meister/in** (fig.) *En matière de gaffes, c'est un champion!*
3. wie oben

Chance f. — ***la chance*** *Donnez-lui encore une chance, elle le mérite!*

la chance PFF 1. **Glück** n., **Zufall** m. *Je lui ai souhaité bonne chance. Par chance, je l'ai rencontré au bon moment.*
2. wie oben

Chanson n. ***la chanson*** (französisches ~) *Tout le monde connaît les chansons d'Édith Piaf.*

la chanson PFF 1. **Lied** n. *J'ai un ami qui connaît beaucoup de chansons populaires.*
2. wie oben

Charakter m. ***le caractère*** (Wesensart, Charakterstärke, Eigenschaft) *C'est une femme de caractère, elle n'est pas facile. J'ai reçu une lettre à caractère confidentiel. Je trouve cette maison banale et sans caractère.*

le caractère PFF 1. **Merkmal** n. *J'ai assisté à une conférence sur les caractères principaux des églises gothiques.*
2. **Schriftzeichen** n., **Buchstabe** m. *Comme sa vue est mauvaise, je lui ai offert un livre imprimé en gros caractères.*
3. wie oben

Charakteristik f. ***la caractérisation*** (Schilderung kennzeichnender Merkmale) *J'ai demandé à mes élèves de faire une caractérisation du personnage principal de «L'Étranger» de Camus.*

la caractéristique PFF **Kennzeichen** n., **Attribut** n., **Charakteristikum** n. *L'intolérance est la caractéristique la plus frappante de ce parti politique.*

Charge f. 1. ***le second rôle*** (THEATER), ***le sous-fifre*** (kleiner Angestellter) (neg.) *Les sous-fifres du parti n'ont pas osé ouvrir la bouche par crainte de leur chef.*

2. ***le lot*** (TECHN.) *Une quantité importante de lots de lait contaminé a été envoyée en Afrique.*
auch: ***la charge*** **Dienstgrad** m. (MILIT.)

la charge PFF 1. **Last** f., **Belastung** f., **Bürde** f. *La charge maximale autorisée est de 200 kilos.*
2. **Aufgabe** f., **Mission** f., **Auftrag** m. *La charge m'a été confiée de superviser toutes les opérations.*
3. wie oben
auch: **Amt** n., **Funktion** f.

Chauffeur m. ***le chauffeur*** *Ce maffieux ne se déplace jamais sans son chauffeur et son garde du corps.*

le chauffeur PFF 1. **Fahrer/in** *Il est chauffeur de camion dans la semaine et chauffeur de taxi le week-end.*
2. wie oben

---

chauffieren ***conduire*** *Les soirs où il a bu, il se fait conduire par un ami jusqu'à son domicile.*

chauffer **heizen, erhitzen, warm werden, sich wärmen (*se* ~)** *Les radiateurs ne chauffent pas, car la chaudière est mal réglée. Nous nous chauffons au bois.*

Chef/in ***le chef*** (Vorgesetzter, Führer, Anführer) (ugs.), ***le/la directeur,-trice*** (Leiter), ***le/la patron,-onne*** (~ in einem Betrieb), ***le/la dirigeant,e*** (besonders in der Industrie) *Le chef de la bande de voyous a été arrêté. Le syndicat des patrons a pour but de conseiller les chefs d'entreprise.*

le/la chef PFF 1. **(Staats-)Oberhaupt** n., **Dirigent/in** (**~ *d'orchestre***) *Le président de la Répu-*

blique est le chef de l'État. Son père est un chef de famille très autoritaire. Le chef d'orchestre de l'orchestre philharmonique de Berlin est anglais.
2. wie oben

Chiffre f. 1. ***le chiffre, le code*** (Geheimzeichen, -schrift) *Les terroristes utilisent des codes secrets pour communiquer entre eux.*
2. ***le numéro, la référence*** (~ in Anzeigen) *Votre annonce paraîtra sous le numéro 41.*

le chiffre PFF 1. **Ziffer** f., **Zahl** f., **Gesamtzahl** f. *Écrivez le nombre en chiffres. Le chiffre des dépenses est beaucoup trop élevé.*
2. **Monogramm** n. *Les assiettes sont marquées au chiffre de ma famille.*
3. wie oben

---

chiffrieren ***chiffrer*** (verschlüsseln) *J'ai reçu un message chiffré auquel je ne comprends rien.*

chiffrer PFF 1. **taxieren, (sich) beziffern** (***se*** ~) *À combien chiffrez-vous le montant des rénovations?*
2. wie oben

Chose f. ***la chose, l'affaire*** f. (Angelegenheit) *Toute cette histoire rend la chose très compliquée.*

la chose PFF 1. **Ding** n., **Sache** f. *J'aime les belles choses. La chose est maintenant décidée.*
2. wie oben

Chronik f. ***la chronique*** *Il a l'intention d'écrire une chronique de son histoire familiale.*

la chronique PFF 1. **Bericht** m., **Rubrik** f., **(regelmäßige) Sendung** f. *Je ne lis jamais les chroniques sportives de ce journal. Cette journaliste tient une chronique régulière à la radio.*
2. wie oben

Clou m.	***le clou*** (Glanzpunkt, Knalleffekt) *Ce numéro de trapéziste a été le clou de la soirée.*
le clou PFF	1. **Nagel** m. *Je me suis planté un clou dans le pied.* 2. **Fußgängerweg** m. (ugs.) (Pl. im Frz.) *Il ne faut pas traverser en dehors des clous, c'est dangereux.* 3. wie oben
Coup m.	***le coup*** (kühne, überraschende und erfolgreiche Tat) *Le cambriolage de la banque a été son dernier coup.*
le coup PFF	1. **Schlag** m. (auch fig.), **Hieb** m., **Schuss** m., **Stich** m. (auch fig). *Ce film est très violent: coups de poing, coups de couteaux, coups de feu, tout y est. Cet échec est un coup très dur pour moi.* 2. **Schluck** m. *Voulez-vous un coup de rouge?* 3. wie oben auch: **Zug** m. (beim Brettspiel), **Telefonanruf** m. ***le coup de fil/téléphone***

D

---

dämonisieren ***diaboliser*** *Il ne sert à rien de diaboliser les médias.*

*****démoniser*** Ø

Daten n. Pl. 1. ***les dates*** f. Pl. (Termine, Lebens~) *Merci de me communiquer les dates de vos vacances.*
2. ***les données*** f. Pl. (Angaben) (TECHN., NATURW., COMP.), ***les indications*** f. Pl. (Hinweise) *Ce sont des données personnelles et confidentielles.*

les dates f. Pl. PFF wie oben

---

datieren ***dater*** (mit einem Datum versehen, aus einer Zeit stammen) *Cette lettre est datée de vendredi dernier. Ce tableau date de la Renaissance.*

dater PFF 1. **veraltet sein** *C'est une théorie qui date un peu.*
2. wie oben

Debüt n. ***les débuts*** m. Pl. *Ses débuts au cinéma sont très prometteurs.*

le début PFF 1. **Anfang** m., **Beginn** m. *Je serai de retour au début du mois prochain.*
2. wie oben

---

definitiv 1. ***précis,e, bien défini,e, certain,e*** (bestimmt, eindeutig) *Aucun plan bien défini n'a encore été soumis à l'assemblée pour discussion.*
2. ***définitif,-ive*** (endgültig) *Son départ est définitif, il ne reviendra plus jamais.*

définitif,-ive PFF wie oben

Dekadenz f. ***la décadence*** (Kulturverfall) *Tous ces nouveaux riches nous offrent le spectacle de la décadence.*

la décadence PFF 1. **Niedergang** m., **Verfall** m. *Votre exposé sur la décadence de l'empire romain était très intéressant.*
2. wie oben

Delikatesse f. ***le régal, le mets très fin / de choix*** *Ce repas était un régal.*

la délicatesse 1. **Feinheit** f., **Zartheit** f., **Empfindlichkeit** f. *Elle a des traits d'une grande délicatesse. La peau des bébés est d'une grande délicatesse.*
2. **Feinfühligkeit** f., **Taktgefühl** n. *J'ai rarement vu un tel manque de délicatesse chez un homme.*

---

demokratisch 1. ***démocratique*** (sich auf die Demokratie beziehend, demokratisch verfahrend) *C'est la première fois que ce pays a des élections démocratiques.*
2. ***démocrate*** (demokratisch eingestellt) *C'est un esprit démocrate. Le parti démocrate a remporté les élections.*

démocratique PFF wie oben

Demonstrant/in ***le/la manifestant,e*** *De nombreux manifestants ont participé à une marche pour la paix.*

****démonstrant*** Ø

---

demonstrativ 1. ***ostensible, manifeste, visible*** *Il a eu à son égard un geste manifeste de bonté.*
2. ***démonstratif,-ive*** (SPRACHW.) *«Ce» et «cette» sont des adjectifs démonstratifs.*

démonstratif, -ive PFF 1. **mitteilsam, überschwänglich** *Sa famille, contrairement à la mienne, n'est pas très démonstrative.*
2. wie oben

---

demonstrieren 1. ***démontrer*** (darlegen, vorführen, beweisen) *Le président a tenté de démontrer dans son discours qu'il maîtrisait la situation.*
2. ***manifester*** (protestieren) *Les lycéens ont manifesté contre les nouvelles réformes du gouvernement.*

démontrer PFF 1. **beweisen** *La vérité n'est pas toujours facile à démontrer.*
2. wie oben

---

denunzieren ***dénoncer*** (verraten, anschwärzen) *Certaines personnes n'hésitent pas à dénoncer des proches pour de l'argent.*

dénoncer PFF 1. **anprangern** *De plus en plus de gens dénoncent les abus liés au système économique actuel.*
2. **(auf)kündigen** *Mon contrat de travail a été dénoncé, je suis au chômage.*
3. auch: **jdn. anzeigen** ***dénoncer qn à la police***
4. wie oben

---

deplatziert ***inopportun, e, pas à sa place, déplacé, e*** (unpassend, fehl am Platz) *Les propos que vous avez tenus étaient tout à fait déplacés.*

déplacé, e PFF 1. **umgestellt, verstellt** *Elle a déplacé tous les meubles du salon.*
2. **versetzt** (an eine andere Dienststelle beordert) *Le professeur a été déplacé à Toulouse.*
3. **verschleppt, vertrieben** *Le nombre de personnes déplacées dans ce pays ne cesse d'augmenter.*
4. wie oben

Depot n. 1. ***le dépôt*** (Spareinlage) *Des millions de dollars en dépôt sur les comptes de l'escroc sont partis en fumée.*
2. ***le dépôt*** (Betriebshof) *Le soir, les autobus rentrent au dépôt.*
3. ***l'entrepôt*** m. (Warenlager, Lagerhalle) *C'est l'un des plus grands entrepôts de vin que je connaisse.*

le dépôt PFF 1. **Nieder-, Hinterlegung** f. *Le dépôt du testament a eu lieu l'an dernier.*
2. **Bodensatz** m., **Rückstand** m., **Ablagerung** f. *Des dépôts de tartre se forment souvent dans les bouteilles de vin.*
3. wie oben

---

desavouieren ***désavouer*** (bloßstellen) *Le président de la République a désavoué son ministre en public.*

désavouer PFF 1. **(ab)leugnen, widerrufen, nicht als das seinige anerkennen** *Je désavoue cette signature, ce n'est pas la mienne!*
2. wie oben

---

desertieren ***déserter*** (MILIT.) *Les soldats qui désertent en temps de guerre s'exposent à de graves représailles.*

déserter PFF 1. **verlassen** *Les vacanciers ont déserté la plage à l'annonce de l'orage.*
2. wie oben

---

designieren ***désigner*** (für ein Amt vorsehen) *Le secrétaire d'État désigné par le chef du gouvernement a renoncé à sa nomination.*

désigner PFF 1. **bezeichnen, benennen, beim Namen nennen** *En allemand, «Ente» désigne le canard. Ils ne l'ont même pas désigné par son nom.*

2. **zeigen auf, (hin)weisen auf** *Dans la boulangerie, le client désigne du doigt les gâteaux qu'il veut acheter.*
3. wie oben

---

desinteressiert ***indifférent,e, détaché,e*** *Certaines personnes sont complètement indifférentes aux malheurs des autres.*

désintéressé,e 1. **uneigennützig, selbstlos** *J'ai rarement vu quelqu'un d'aussi désintéressé et généreux que cet homme.*
2. **unparteiisch, objektiv** *Je vous remercie pour ce jugement désintéressé.*

---

desolat ***désolant,e, lamentable*** *Les toilettes de cette école sont dans un état désolant.*

****désolat*** Ø

---

devot ***servile, soumis,e, obséquieux,-euse*** (unterwürfig) *Son attitude servile vis-à-vis des puissants est lamentable.*

dévot,e **fromm, frömmelnd** *Ce sont des personnes très dévotes, elles vont à la messe tous les jours.*

---

dezent 1. ***discret,-ète*** (Farbe, Parfum, Lächeln, Hinweis), ***tamisé,e*** (Licht), ***doux, douce*** (MUSIK) *Ils n'ont fait qu'une discrète allusion à ton absence.*
2. ***décent,e*** (Kleidung) *Il faut porter une tenue décente pour entrer dans une église.*

décent,e PFF 1. **anständig, schicklich** *Les propos tenus à son égard n'étaient pas très décents et l'ont beaucoup irrité.*
2. **annehmbar, brauchbar** *C'est un salaire décent pour un tel travail.*
3. wie oben

Diagnose f.	***le diagnostic*** (MED.) (auch fig.) *Le diagnostic établi par le médecin est plutôt rassurant.*
la diagnose	**Diagnostik** f. (BIOL.) *La diagnose est une description scientifique permettant d'isoler une espèce.*

Diagnostik f.	wie oben
diagnostique	(Adj.) **diagnostisch** *Il s'agit d'un test diagnostique.*

Diät f.	***le régime (alimentaire)*** (Ernährungsweise, Schonkost) *Je ne suis pas de régime et pourtant je maigris.*
la diète	1. **Diät** f. (Krankendiät) *Mon enfant a une indigestion, le médecin l'a mis à la diète.* 2. **Reichs-, Landtag** m. *Certains états, comme le Japon, ont une diète.*

Differenz f.	1. ***la différence*** (Unterschied), ***l'écart*** m. (Abstand) *Ne vois-tu pas de différences entre ces deux argumentations?* 2. ***le différend, le désaccord*** (Unstimmigkeit) *Le différend qui oppose ces deux partis est de nature idéologique.*
la différence PFF	wie oben

diffus	1. ***diffus,e*** (verschwommen, nicht scharf) (OPTIK) *Une lumière diffuse éclairait la scène.* 2. ***confus,e*** (undeutlich, verworren), ***diffus,e*** (vage) *Les buts que poursuit le gouvernement me paraissent assez confus. Il a tenu des propos diffus.*
diffus,e PFF	wie oben

digital	***numérique*** (Daten, Anzeige, Übertragung, Steuerung), ***digital,e*** (in einigen technischen Ausdrücken) *Mes enfants m'ont offert*

un appareil photo numérique et une montre digitale.

digital,e PFF 1. **Finger...** m. *La technique des empreintes digitales a été inventée par un criminologue croate.*
2. wie oben

Diktat n. 1. ***la dictée*** (Rechtschreibübung) *Tu as fait zéro faute à ta dictée. Bravo!*
2. ***la tyrannie*** (Zwang), ***le diktat*** (POLITIK) *Je ne veux pas obéir à la tyrannie de la mode. Le traité de Versailles a été qualifié de diktat.*

le diktat PFF wie oben

Diner n. ***le dîner*** (festliches Essen, Festmahl) *Nous sommes invités à un dîner de gala chez des amis demain soir.*

le dîner PFF 1. **Abendessen** n. *Nous avons fait un bon dîner, je n'ai plus faim.*
2. wie oben

---

diplomatisch 1. ***diplomatique*** (offizielle Länderbeziehungen betreffend) *Mon ami travaille au service diplomatique de son pays.*
2. ***diplomate*** (klug, taktvoll, taktisch geschickt) *Ce n'était pas très diplomate de sa part d'agir ainsi.*

diplomatique PFF wie oben

---

direkt 1. ***direct,e*** (auch fig.) *La question était trop directe, je n'y ai pas répondu.*
2. ***juste*** (in unmittelbarer Nähe) *Le taxi s'est arrêté juste devant la maison.*

direct,e PFF 1. **durchgehend** *Le train est direct jusqu'à Marseille.*
2. **live übertragen** (***en ~***) *Le concert était retransmis en direct.*
3. wie oben

Direktion f. ***la direction*** (Führung, Leitung) *C'est une décision importante, je dois en parler à la direction. L'orchestre est sous la direction d'un nouveau chef.*

la direction PFF 1. **Richtung** f. *Je me suis perdue, je ne sais pas dans quelle direction aller.*
2. **Steuerung, Lenkung** f. (TECHN.) *Depuis l'accident, ma voiture a des problèmes de direction.*
3. wie oben

Dirigent/in ***le chef d'orchestre*** *Berlin compte des chefs d'orchestre de renommée mondiale.*

le/la dirigeant,e **Führer/in, Leiter/in, Machthaber/in** *Le dirigeant de ce pays a été nouvellement élu et ses promesses sont nombreuses.*

---

dirigieren ***diriger, conduire*** *J'apprécie beaucoup la manière dont ce chef dirige son orchestre.*

diriger PFF 1. **leiten, führen** *Le modérateur a bien dirigé les débats.*
2. **lenken, steuern** *Je n'arrivais plus à diriger ma voiture à cause du verglas.*
3. **auf jdn./etwas richten** *Ne dirigez pas vos yeux vers le soleil, vous risqueriez de les abîmer.*
4. wie oben

Diskurs m. 1. ***le discours*** (Abhandlung) *Il m'a fait tout un discours sur l'expressionnisme allemand.*
2. ***le débât, la discussion*** (eifrige Erörterung) *J'ai assisté à une discussion politique de haut niveau.*

le discours PFF 1. **Rede** f. *Il a tenu un discours interminable.*
2. wie oben

Disputation f. 1. ***le débat, la discussion*** (wissenschaftliches Streitgespräch) *Des discussions subtiles au sujet de la définition de certains mots ont animé ces journées philosophiques.*
2. ***la soutenance*** (Disputation über eine Dissertation oder Habilitationsschrift) *La soutenance de sa thèse s'est bien passée.*

****disputation*** Ø

---

disputieren ***discuter, débattre*** *Les experts débattent vivement du rôle de la voiture dans la pollution.*

disputer 1. **austragen** (SPORT) *Les joueurs ont disputé un match difficile en raison de la pluie.*
2. **jdm. etwas streitig machen, rivalisieren** *Son rival lui dispute sa place. Ces deux femmes disputent de beauté.*

Dissertation f. ***la thèse de doctorat*** *Elle a soutenu sa thèse de doctorat à la Sorbonne.*

la dissertation **Erörterung** f. *Mon élève a eu le premier prix de dissertation française.*

Division f. ***la division*** (MILIT., MATH.) *Des divisions blindées sont entrées dans la ville et ont tiré sur la foule.*

la division PFF 1. **(Ein-)Teilung** f., **Gliederung** f. *La division du travail permet une plus grande productivité.*
2. **Uneinigkeit** f., **Zwietracht** f., **Unstimmigkeiten** f. Pl. *Les divisions au sein de ce parti de gauche sont de plus en plus grandes.*
3. wie oben

Dom m. ***la cathédrale*** *La cathédrale de Cologne est de style gothique.*

le dôme **Kuppel** f. *Le dôme de cette église est en ardoise.*

dominant	1. ***dominant,e*** (vorherrschend, vorkommend, dominierend) (auch BIOL.) *La colère est un trait de caractère dominant chez lui. Attention aux vents dominants!* 2. ***dominateur,-trice*** (herrisch, herrschsüchtig), ***fort,e*** *C'est quelqu'un de très dominateur.*
dominant,e PFF	wie oben
dominieren	1. ***dominer*** (be-, vorherrschen, überwiegen) *Notre équipe a dominé la vôtre. C'est le bleu qui domine dans ses tableaux.* 2. ***surplomber*** (überragen) *Le château surplombe la ville.*
dominer PFF	wie oben
Dose f.	1. ***la boîte*** (Büchse) *Où sont rangées les boîtes de conserve?* 2. ***la prise*** (Steck~) *Les prises de courant ne sont pas aux normes dans cette maison.*
la dose	**Dosis** f. (MED.), **Menge** f. (fig.) *Le médecin lui a prescrit de fortes doses de tranquillisants. Il faut une certaine dose de courage pour affronter un tel sommet.*
dotieren	***doter, rémunérer*** (mit Geld ausstatten, bezahlen) *Ce prix est doté de 3000 euros. C'est un poste bien rémunéré.*
doter PFF	1. **jdm. eine Aussteuer mitgeben** *Il a richement doté sa fille pour son mariage.* 2. **ausstatten** *La nature l'a doté d'une force exceptionnelle.* 3. wie oben
doubeln	***doubler*** (FILM) *Un cascadeur double l'acteur principal dans les scènes dangereuses.*

doubler PFF 1. **verdoppeln** *Le prix de l'essence a doublé en quelques années.*
2. **eine Klasse wiederholen** *Doubler une classe n'est pas toujours efficace.*
3. **überholen** (Leute, Autos) *Les camions n'ont pas le droit de doubler les voitures sur cette route.*
4. wie oben

Double n. 1. ***la doublure*** (FILM) *Il joue toujours des rôles de doublure.*
2. ***le double*** (Doppelgänger/in) *Il paraît que chaque personne a un double.*

le double PFF 1. **Doppelte** n. *J'ai payé le double du prix affiché.*
2. **Duplikat** n., **Zweitausfertigung** f. *Il est important de conserver des doubles des documents importants.*
3. **Dublette** f., **Doppelstück** n. *Les philatélistes échangent leurs doubles.*
4. wie oben

Dramatik f. 1. ***l'intensité dramatique*** f. (Spannung) *C'est un film d'une rare intensité dramatique.*
2. ***le drame*** (dramatische Dichtkunst) *Le professeur nous a donné un aperçu du drame contemporain.*

la dramatique **Fernsehspiel** n. *Les dramatiques proposées par cette chaîne de télévision sont de bonne qualité.*

Dramatiker/in ***l'auteur dramatique*** m., ***le dramaturge*** *Harold Pinter était un grand dramaturge.*

dramatique (Adj.) **dramatisch** *La situation de ce peuple en Afrique qui meurt de faim est dramatique.*

E

(sich) echauffieren ***s'échauffer, s'énerver*** (sich erregen, sich erhitzen) *Les spectateurs sont en train de s'échauffer car le spectacle tarde à commencer.*

(s')échauffer PFF 1. **sich aufwärmen, sich warm laufen** *Il est important de bien s'échauffer avant un entraînement.*
2. wie oben

Eclair n. ***l'éclair*** m. (Gebäck) *J'aime beaucoup les éclairs au chocolat.*

l'éclair m. PFF 1. **Blitz** m. *Pendant l'orage, les éclairs et le tonnerre étaient impressionnants.*
2. **kurzer Augenblick** m. *Il a eu un éclair de lucidité puis s'est rendormi.*
3. wie oben

---

effektiv 1. ***efficace*** (wirkungsvoll, wirksam) *Leur stratégie de défense n'est pas très efficace.*
2. ***effectif,-ive*** (tatsächlich, wirklich) *Ce pays a besoin d'une assistance effective et non de promesses.*

effectif,-ive PFF wie oben

---

egal ***égal,e*** (gleich, ebenbürtig), ***pareil,-eille, indifférent,e*** (gleichgültig) *Ils ne combattent pas à armes égales. Qu'il perde ou qu'il gagne, c'est indifférent.*

égal,e PFF 1. **flach, eben, platt** *Une surface égale serait préférable pour la construction d'une maison.*
2. wie oben

Eklat m. — ***l'éclat*** m., ***l'esclandre*** m. (Szene, Skandal) *Restez calmes, je ne veux pas d'esclandre.*

l'éclat m. PFF — 1. **Splitter** m. *J'ai des éclats de verre dans la main.*
2. **Helligkeit** f., **Glanz** m. *Ce métal a perdu tout son éclat.*
3. wie oben

Elektrik f. — ***l'équipement électrique*** m. *L'équipement électrique de cette maison est des plus vétustes.*

électrique (Adj.) — **elektrisch** *Il se rase avec un rasoir électrique.*

---

elitär — 1. ***élitaire*** (eine Elite bildend, einer Elite angehörend) *La culture scolaire est-elle élitaire? Certains le prétendent.*
2. ***élitiste*** (die Elite fördernd, auf die [vermeintliche] Zugehörigkeit zu einer Elite begründet, überheblich) *La politique élitiste de ce gouvernement favorise encore plus ceux qui étaient déjà privilégiés.*

élitaire PFF — wie oben

---

emeritiert — ***honoraire, émérite*** *Mon père est professeur émérite à l'université.*

émérite PFF — 1. **bedeutend, hervorragend** *Je cherche un chirurgien émérite pour cette opération difficile.*
2. wie oben

Emission f. — ***l'émission*** f. (PHYSIK, WIRTSCH.) *Les émissions de CO_2 ont considérablement augmenté dans les pays industrialisés. La banque ABC a annoncé l'émission de 10 millions d'actions.*

l'émission f. PFF — 1. **Sendung** f. *Mon ami anime une émission culturelle sur une radio allemande.*
2. wie oben

emotional ***émotionnel,le*** (gefühlsmäßig), ***émotif,-ive*** (empfindsam) *C'est quelqu'un qui a toujours des réactions très émotionnelles. C'est une petite fille très émotive.*

émotional Ø

émotionnel,le PFF wie oben

(sich) engagieren ***s'engager*** *Cette association s'engage en faveur des plus démunis.*

(s')engager PFF 1. **(hinein)fahren, -gehen** *Le camion s'est engagé dans le tunnel tous feux éteints.*
2. wie oben

Ensemble n. ***l'ensemble*** m. (MUSIK), ***la troupe*** (THEATER) *Je fais partie d'un ensemble musical de jazz avec quelques amis.*

l'ensemble m. PFF 1. **Ganze** n., **Gesamtheit** f. *Vous êtes prié de répondre à l'ensemble des questions posées.*
2. **Zusammenspiel** n., **Übereinstimmung** f. *Le chœur chante dans un bel ensemble.*
3. wie oben

Entente f. ***l'entente*** f. (POLITIK) *L'entente entre les deux pays a été de courte durée.*

l'entente f. PFF 1. **Verständigung** f., **Einigung** f. *Il n'y a aucune entente entre les enfants de cette famille.*
2. wie oben

---

episch ***épique*** *Les personnages de ce roman ont toutes les caractéristiques des héros épiques.*

épique PFF 1. **abenteuerlich, stürmisch, denkwürdig** *La traversée en bateau a été épique car la mer était démontée.*
2. wie oben

Epoche f. ***l'époque*** f. *Dans ma bibliothèque, les livres sont classés par époques.*

l'époque f. PFF 1. **Zeit** f., **Zeitpunkt** m. *L'an dernier, à la même époque, j'étais en Amérique du Sud.*
2. wie oben

Erektion f. ***l'érection*** f. *Un psychiatre de mes amis est spécialisé dans les problèmes d'érection.*

l'érection f. PFF 1. **Errichtung** f., **Erstellung** f. *L'érection d'édifices de plus de 20 mètres de haut est interdite dans ce quartier.*
2. wie oben

Erotik f. ***l'érotisme*** m. *Il y a un certain machisme dans l'érotisme du tango.*

érotique (Adj.) **erotisch** *Ce film comporte quelques scènes érotiques.*

Eskalation f. ***l'escalade*** f. *L'escalade de la violence dans le conflit actuel est inquiétante.*

****escalation*** Ø

---

eskalieren ***dégénérer*** *Les manifestations de rue menacent de dégénérer.*

****escaler*** Ø

escalader **über etwas klettern, etwas be-, ersteigen** *Son rêve est d'escalader la Tour Eiffel.*

Esprit m. ***l'esprit*** m. (geistreicher Witz) *Cet homme politique a du charme et de l'esprit, mais son programme ne me convient pas.*

l'esprit m. PFF 1. **Geist** m., **Verstand** m. *Elle a agi dans un esprit de conciliation mais sans succès.*
2. wie oben

Essenz f. ***l'essence*** f. (CHEMIE, PHILOS.) *J'aime beaucoup l'essence de rose. L'essence est ce qui constitue la réalité d'une chose.*

l'essence f. PFF 1. **Benzin** n. *Elle s'arrête à la station-service pour prendre de l'essence.*
2. wie oben

Etat m. ***le budget*** (Haushaltsplan, Staatshaushalt, Vermögensstand) *Le vote du budget aura lieu prochainement au parlement.*

l'État m. **Staat** m. *Le chef de l'État est actuellement en tournée en Amérique latine.*

l'état m. **Zustand** m., **Lage** f. *Le mauvais état des routes est responsable d'un grand nombre d'accidents.*

---

evangelisch ***protestant,e*** (protestantisch) *Elle est de religion protestante.*

évangélique 1. **evangelikal** *Les mouvements évangéliques sont de plus en plus nombreux en France.*
2. **das Evangelium betreffend** *Les scènes évangéliques représentées sur les vitraux de cette église sont très belles.*

---

exakt ***exact,e, précis,e*** *Je vous prie d'établir un diagnostic précis de la situation.*

exact,e PFF 1. **pünktlich** *Il est toujours exact aux rendez-vous.*
2. wie oben

---

examinieren 1. ***examiner*** (prüfen, untersuchen, studieren) *Le patient attend d'être examiné par le médecin.*
2. ***examiner*** (beobachten, prüfend betrachten) *Cessez donc de m'examiner ainsi, c'est désagréable!*
3. **(être) *diplômé*** (examiniert sein) *On recherche des éducateurs diplômés de toute urgence dans l'école de mes enfants.*

examiner PFF wie oben

---

exekutieren ***exécuter*** (hinrichten) *Tous les otages ont été exécutés.*

exécuter PFF 1. **aus-, durchführen** *Le pilote a exécuté un atterrissage d'urgence car les réacteurs étaient en feu.*
2. wie oben

---

exerzieren ***faire l'exercice*** (MILIT.) *Les soldats font l'exercice tous les jours.*

exercer 1. **ausüben, Gebrauch machen von** *Quelle profession exercez-vous?*
2. **üben, schulen** *Il est important d'exercer sa mémoire dès le plus jeune âge.*

Expedition f. ***l'expédition*** f. (Forschungsreise) *Je recherche de la documentation sur les expéditions arctiques du siècle dernier.*

l'expédition f. PFF 1. **Erledigung** f. *C'est moi qui suis chargée de l'expédition des affaires courantes.*
2. **Versand** m., **Verschickung** f., **Absendung** f. *Sur cette île, l'expédition du courrier n'a lieu qu'une fois par semaine.*
3. wie oben

Experiment n. ***l'expérimentation*** f. (Experimentieren), ***l'expérience*** f. *Toute expérimentation sur l'embryon est interdite en France.*

l'expérience f. PFF 1. **Erfahrung** f., **Praxis** f., **Kenntnis** f. *L'expérience professionnelle est un atout pour ceux qui recherche un emploi.*
2. wie oben

Exposé n. 1. ***l'exposé*** m. (Erläuterung, Handlungsskizze, Plan) *L'exposé que m'a envoyé l'agent immobilier me semble intéressant.*

2. ***le/la synopsis*** (Handlungsskizze für einen Film) *Je reçois tous les jours des centaines de synopsis sans intérêt.*

l'exposé m. PFF 1. **Referat** n., **Bericht** m., **Darstellung** f. *Mon fils a un exposé à faire pour demain sur la Colombie et il n'a pas encore commencé.*
2. wie oben

---

express ***exprès*** (per Eilbote) *Le facteur est venu me remettre une lettre exprès.*

exprès PFF 1. **absichtlich** *Je peux t'assurer que je ne l'ai pas fait exprès.*
2. wie oben

---

extra 1. ***à part, en plus*** (gesondert) *Les produits d'entretien sont emballés à part.*
2. ***exprès, spécialement*** (eigens) *Je suis venu spécialement pour toi.*

extra **ausgezeichnet, prima** *Ce sont des gens extras, je les aime beaucoup.*

Extra n. ***l'option*** f. (Sonderleistung, Extrazubehör) *La climatisation était en option sur cette voiture, je ne l'ai pas prise.*

l'extra m. **etwas Außergewöhnliches/Besonderes** *Nous avons fait un extra, nous avons dîné au champagne!*

Exzess m. ***l'excès*** m. (Maßlosigkeit, Ausschweifung) *Les excès en tout genre ne sont pas recommandés.*

l'excès m. PFF 1. **Überschreitung** f. *Son excès de vitesse lui a fait perdre son permis de conduire.*
2. wie oben

exzessiv *excessif*, *-ive* (übertrieben, übermäßig, maßlos, das Normalmaß sehr stark überschreitend) *C'est un homme excessif en tout. Je ne supporte pas ce climat excessif.*

excessif*, *-ive PFF 1. **extrem lang** *Je trouve les jours d'une longueur excessive.*
2. wie oben

F

---

fabrizieren ***fabriquer, faire, confectionner*** (herstellen, anfertigen) *Ces amateurs ont confectionné des vidéos de très bonne qualité. Les produits fabriqués dans les pays émergents sont moins chers que les autres.*

fabriquer PFF 1. **tun, treiben** (ugs.) *Je l'attends depuis deux heures. Je me demande ce qu'il fabrique.*
2. wie oben

Faible n. ***le faible*** (Schwäche, Vorliebe) *Il aime tous ses enfants mais il est évident qu'il a un faible pour le petit dernier.*

le faible PFF 1. **Schwache/r, Schwächling** m. *Le gouvernement a décidé de prendre des mesures en faveur des économiquement faibles.*
2. wie oben

Fakultät f. ***la faculté, l'université*** f. *J'ai plusieurs amis qui ont fait leurs études à la faculté de médecine de Marseille.*

la faculté PFF 1. **Fähigkeit** f., **Vermögen** n. *Ses facultés intellectuelles sont très supérieures à la moyenne.*
2. wie oben

---

familiär 1. ***familial,e, de famille*** (die Familie betreffend) *Je ne pourrai malheureusement pas me rendre à son invitation pour des raisons familiales.*
2. ***décontracté,e*** (zwanglos, vertraut, freundschaftlich, ungezwungen) *L'atmosphère de cette soirée était très décontractée.*
3. ***familier,-ière*** (aufdringlich vertraut) *Je*

trouve qu'il se comporte d'une manière un peu trop familière avec moi.

familier, -ière PFF 1. **gewohnt, üblich, vertraut** *Le mensonge lui est devenu familier.*
2. **umgangssprachlich** *Votre vocabulaire est beaucoup trop familier pour une dissertation.*
3. wie oben

---

famos ***épatant, e, formidable*** *Ton ami est vraiment un type épatant. Merci de me l'avoir présenté.*

fameux, -euse 1. **berühmt, bekannt** *J'ai oublié le nom du héros de Cervantes, il est pourtant fameux!*
2. **ausgezeichnet, vortrefflich** *Le vin qui accompagnait le repas était fameux.*

Fantasie f. 1. ***l'imagination*** f. (Einbildungs-, Vorstellungskraft) *Les romanciers ont beaucoup d'imagination.*
2. ***la fantaisie*** (origineller Einfall, unwirkliche Vorstellung, frei erfundene Sache) *Cette histoire n'a rien à voir avec la réalité, elle est le pur produit de ta fantaisie.*

la fantaisie PFF 1. **Laune** f., **Lust** f., **Verlangen** n. *C'est quelqu'un qui agit selon sa fantaisie et qui est assez imprévisible.*
2. wie oben

---

fantasieren 1. ***rêver, fantasmer*** (träumen, der Fantasie freien Lauf lassen) *Rêver permet d'échapper à la routine de la vie quotidienne.*
2. ***délirer*** (im Fieber ~) *Elle a déliré toute la nuit tant sa fièvre était élevée.*

**fantaisir* Ø

Fauxpas m. ***le faux pas, l'impair*** m., ***la gaffe*** *Il a commis un impair.*

le faux pas PFF 1. **falscher Schritt** m. *Il a fait un faux pas et s'est tordu la cheville.*
2. wie oben

---

favorisieren 1. ***favoriser*** (begünstigen) *Le professeur a favorisé un élève.*
2. ***privilégier*** (bevorzugen) *Certains chercheurs privilégient de nouvelles thèses pour expliquer les changements climatiques.*
3. ***donner gagnant*** (in der Gunst vorn sehen) *Plus de la moitié des sondés donnent le candidat démocrate gagnant.*

favoriser PFF 1. **fördern, unterstützen** *La situation économique désastreuse a favorisé l'apparition d'un climat de révolte.*
2. wie oben

Fete f. ***la fête*** *La fête organisée par mes voisins était tellement bruyante que la police est venue.*

la fête PFF 1. **Fest** n., **Fest-, Feiertag** m. *Les fêtes de fin d'année sont souvent l'occasion de retrouvailles en famille.*
2. wie oben

Feuilleton n. ***la rubrique culture, la chronique littéraire*** *La rubrique culture de ce journal bavarois est très diversifiée.*

le feuilleton 1. **Fortsetzungsroman** m. (in einer Zeitung) *Ce journal est très populaire pour ses feuilletons.*
2. **Serie** f., **Sendereihe** f. *Ils ne ratent jamais un épisode de leur feuilleton préféré.*

Fieber n. ***la fièvre*** *Il est alité depuis une semaine avec une forte fièvre.*

la fibre **Faser** f. (BIOL., ANAT.) *Je me suis acheté un tapis en fibres végétales.*

fidel	***gai,e, joyeux,-euse, enjoué,e*** *Voilà une bande de joyeux drilles. On ne s'ennuie jamais avec eux.*
fidèle	**treu, zuverlässig, anhänglich** *C'est un ami fidèle. Je ne le crois pas capable de trahir quelqu'un.*

Figur f.	1. ***la figure*** (KUNST, GEOMETRIE, SPORT) *Ce patineur exécute des figures et des sauts d'une grande précision.* 2. ***le corps, la silhouette*** (Körperform, Gestalt) *Cette robe met ta silhouette en valeur.* 3. ***la statuette, la figurine*** (kleine Statue), ***la pièce*** (Spielstein) *Il manque des pièces à l'échiquier.*
la figure PFF	1. **Gesicht** n. *Il a fait une drôle de figure quand je lui ai annoncé la nouvelle.* 2. **Persönlichkeit** f., **Gestalt** f. *Avec cet homme disparaît une grande figure de la politique.* 3. wie oben

Filet n.	***le filet*** (GASTR.) *Le plat du jour est du filet de porc aux champignons.*
le filet PFF	1. **Netz** n. *Je trouve très beaux tous ces filets de pêche sur le port.* 2. **dünner Strahl** m., **kleine Menge** f. *Il n'y a plus qu'un filet d'eau à la fontaine.* 3. wie oben

Filiale f.	***la succursale*** *Ma banque n'a pas de succursale à l'étranger.*
la filiale	**Tochtergesellschaft** f. *La filiale roumaine d'une grande firme automobile étrangère s'apprête à licencier de nombreuses personnes.*

Film m.	1. ***la pellicule*** (~streifen, ~material) *Je n'ai plus de pellicule pour mon appareil photo.* 2. ***le film*** (Kino~) *Ce film est à l'affiche depuis plusieurs semaines.*
le film PFF	wie oben
Finale n.	1. ***le final*** (MUSIK) *Le final de la neuvième symphonie de Beethoven est bouleversant.* 2. ***la finale*** (SPORT) *L'équipe nationale de rugby espère aller en finale.*
la finale PFF	1. **Endsilbe** f., **Auslaut** m. *Attention à l'accentuation, elle n'est pas sur la finale.* 2. wie oben
finanziell	***financier,-ière, pécuniaire*** *La situation financière actuelle est assez critique.*
****financiel***	Ø
Finesse f.	1. ***l'astuce*** f. (Raffiniertheit), ***la ruse*** (Dreh), ***la combine*** (Schlauheit) *Grâce à des combines politiques pas toujours honnêtes, il a obtenu le poste qu'il convoitait.* 2. ***la finesse, le raffinement*** (Feinheit, Subtilität) f. *Le décor architectonique de cette église romane est d'un raffinement exceptionnel.*
la finesse PFF	1. **Zierlichkeit** f. *Regardez bien la finesse de ses mains.* 2. **Scharfsinn** m. *J'ai trouvé ses paroles pleines de finesse.* 3. wie oben
firm	***fort,e, calé,e en qc*** (sehr gut in etwas) *Cet élève est très calé en maths.*
ferme	**fest, straff, beharrlich** *Ma décision est ferme et définitive. Je ne reviendrai pas dessus.*

fix — 1. ***fixe*** (fest, feststehend) *Mes frais fixes sont beaucoup trop élevés. Je cherche un logement moins cher.*
2. ***agile, rapide, vif,-ive*** (schnell, flink, agil) *C'est un garçon très vif.*

fixe PFF — 1. **fest, festgelegt** (Zeit) *Les enfants se couchent à heure fixe.*
2. **starr** (Blick) *Le blessé est immobile, il a le regard fixe.*
3. **verankert, fixiert, unbeweglich** *Dans les jardins publics, les bancs sont fixes.*
4. wie oben

---

fixieren — ***fixer*** (starr anschauen) *Cessez de me fixer du regard ainsi!*

fixer PFF — 1. **festmachen, befestigen** *Il faut une colle forte pour fixer les affiches sur le mur.*
2. wie oben

Flair n. — ***le charme, l'ambiance*** f. *J'aime bien l'ambiance rétro de cet hôtel.*

le flair — 1. **Witterung** f., **Geruchssinn** m. *Ce chien de chasse n'a aucun flair, il ne retrouve pas le gibier.*
2. **Gespür** n., **Spürsinn** m. *Tu as eu du flair de miser sur ce cheval. Il est en tête.*

Flamme f. — 1. ***la flamme*** *La forêt est en flammes, c'est une catastrophe écologique.*
2. ***le feu*** (Kochplatte) *Ma cuisinière est trop petite, elle n'a que trois feux.*

la flamme PFF — **Glut** f. (fig.), **Leidenschaft** f. *Son discours était plein de flamme.*
2. wie oben

Flanke f. — 1. ***le flanc*** (MILIT., BIOL.) *La jument a été blessée au flanc gauche.*
2. ***le centre*** (SPORT) *Suite à un centre parfait*

de l'arrière-gauche, le footballeur a marqué un but inoubliable.

le flanc PFF — 1. **Seite** f. *Le bateau est couché sur le flanc.*
2. wie oben

---

flanken — ***centrer*** (SPORT) *Il vous faut apprendre à centrer correctement le ballon.*

flanquer — 1. **flankieren** (zu beiden Seiten stehen/gehen, schützend begleiten) *Il est toujours flanqué de ses gardes du corps. Le garage flanque la maison.*
2. **raus-, runterwerfen** (ugs.) *Ses parents l'ont flanqué dehors car ils ne le supportaient plus.*
3. **geben, versetzen** (ugs.) *Son père lui a flanqué une gifle dont elle se souvient encore.*

---

florieren — ***être florissant, prospérer*** *Ses affaires sont des plus florissantes.*

fleurir — 1. **schmücken** *Ma mère fleurit régulièrement la tombe de ses parents.*
2. **blühen, in Blüte stehen** *Les crocus sont les premières plantes qui fleurissent au printemps.*

Folie f. — ***le film plastique*** (Plastik~), ***le transparent*** (Overhead~, Arbeits~) *Le film plastique est beaucoup utilisé dans le secteur alimentaire.*

la folie — **Wahnsinn** m., **Irrsinn** m., **Verrücktheit** f. *La frontière entre la raison et la folie est invisible.*

Fontäne f. — ***le jet d'eau*** *Les jets d'eau des bassins de Versailles sont impressionnants.*

la fontaine — **Springbrunnen** m. *Aix-en-Provence est appelée la ville aux mille fontaines.*

---

forcieren ***accélérer, pousser, forcer*** *Forcez un peu le rythme, vous êtes trop lent.*

forcer PFF 1. **aufbrechen, mit Gewalt öffnen, erzwingen** *Les cambrioleurs ont forcé la serrure de ma voiture et ont volé l'autoradio.*
2. **zwingen, nötigen** *Il n'est pas bon de forcer les enfants à manger ce qu'ils n'aiment pas.*
3. wie oben

---

formal ***formel, le, du point de vue formel*** *D'un point de vue formel, certaines décisions reviennent au premier ministre.*

****formal*** Ø

Formation f. ***la formation*** (MILIT., GEOL., BOT.) *Je fais une étude des formations calcaires dans ma région.*

la formation PFF 1. **Bildung** f., **Entwicklung** f. *La formation du gouvernement sera annoncée ce soir.*
2. **Aus-, Weiterbildung** f., **Schulung** f. *Je suis actuellement en congé de formation.*
3. **Gruppierung** f. *Les formations politiques en France ne sont pas faciles à classifier.*
4. wie oben

---

formell ***formel, le, selon les règles*** *Un projet de loi formel doit être proposé à l'assemblée demain.*

formel, le PFF 1. **ausdrücklich, strikt, unwiderlegbar** *Interdiction formelle de marcher sur la pelouse sous peine d'amende!*
2. **formal, der Form nach** *On voit bien que sa politesse n'est que formelle.*
3. wie oben

formen — ***former, façonner, modeler, mouler*** *Les forces qui forment la personnalité d'un individu sont complexes.*

former PFF — 1. **bilden, zusammen-, aufstellen** *Il nous manque une personne pour former notre équipe de volley-ball.*
2. **ausbilden** *Je suis chargé de former des spécialistes dans le domaine informatique.*
3. wie oben

formidabel — ***formidable*** (großartig) *Je trouve que c'est une candidate formidable.*

formidable PFF — 1. **gewaltig, furchtbar** *J'ai entendu un bruit formidable et j'ai vu l'immeuble s'effondrer.*
2. wie oben

fotogen — ***photogénique*** *Tu es vraiment photogénique. Tu es bien sur toutes les photos.*

photogène — **phosphoreszierend, lumineszierend** *Ce laboratoire est spécialisé dans la fabrication de sources de lumières photogènes.*

Foyer n. — ***le foyer*** (THEATER) *Nous avons rendez-vous au foyer à l'entracte.*

le foyer PFF — 1. **Feuerstelle** f., **Kaminfeuer** n., **Herd** m. (fig.) *Nous étions tous assis autour du foyer. Plusieurs foyers d'incendie ont été identifiés.*
2. **Hausstand** m., **Heim** n. *Ils veulent fonder un foyer et avoir beaucoup d'enfants.*
3. **Heim** n. (öffentliche Einrichtung) *Nous travaillons dans un foyer socio-éducatif.*
4. wie oben

Fraktion f. — ***le groupe (parlementaire)*** *C'est le porte-parole du groupe parlementaire socialiste.*

la fraction 1. **Bruchteil** m. *Une fraction de l'assemblée a voté pour lui.*
2. **Bruch** m. (MATH.) *Nous sommes en train de travailler les fractions décimales.*

Fraktur f. 1. ***la fracture*** (Knochenbruch) (MED.) *Mon fils s'est fait une fracture de la main.*
2. ***l'écriture gothique*** (deutsche, sog. gotische Schrift) *L'écriture gothique n'est plus utilisée aujourd'hui.*

la fracture PFF 1. **Bruch** m. (fig.) *Le libéralisme accentue la fracture sociale.*
2. **Bruch** m., **Verwerfung** f. (GEOL.) *C'est une zone de fractures géologiques.*
3. wie oben

Frisör/in ***le/la coiffeur,-euse*** *Je t'ai pris rendez-vous chez le coiffeur.*

****friseur*** Ø

Frisur f. ***la coiffure*** *Cette nouvelle coiffure te va très bien.*

la frisure **Kräuselung** f., **Löckchen** n. *Je me suis fait faire une frisure dégradée.*

---

frivol 1. ***osé,e, grivois,e*** (schlüpfrig, anzüglich), ***leste*** (gewagt) *Il connaît un nombre impressionnant de chansons grivoises.*
2. ***frivole*** (leichtfertig) *Il passe pour être l'artiste d'une décennie frivole.*

frivole PFF 1. **nichtssagend, nichtig, oberflächlich** *Je trouve tes préoccupations tout à fait frivoles.*
2. wie oben

Front f. 1. ***le front*** (MILIT., POLITIK, METEO.) (auch fig.) *Les réservistes ont été envoyés au front.*

le front PFF 1. **Stirn** f. *Il a un grand front et un tout petit nez.*
2. wie oben

Frottee n./m. ***le tissu éponge*** *Je n'aime pas les draps de lit en tissu éponge.*
****frottée*** (Subst.) Ø

---

fulminant ***brillant,e*** (Erfolg), ***enflammé,e*** (Rede) *Le discours enflammé de l'orateur a captivé l'assemblée.*
fulminant,e **wütend, tobend, drohend** *Le leader d'extrême droite a tenu un discours fulminant de haine.*

Fundament n. 1. ***les fondations*** f. Pl. (ARCH.) *Les fondations d'un immeuble sont généralement en béton armé.*
2. ***la base, le fondement*** (fig.) *La théorie que vous avez exposée est sans aucun fondement.*
le fondement PFF wie oben

Funktionär/in ***le/la responsable, le/la permanent,e*** *En tant que permanent syndical, il est déchargé d'une partie de ses activités.*
le/la fonctionnaire **Beamter/Beamtin** *Environ un emploi sur cinq en France est occupé par un fonctionnaire.*

---

furios ***exécuté,e avec brio, brillant,e*** *Après un début de match brillant, le joueur favori s'est laissé dominer par son adversaire.*
furieux,-euse 1. **wütend, zornig** *Il est furieux contre moi car je ne suis pas d'accord avec lui.*
2. **heftig, erbittert, unbändig** *J'ai une envie furieuse de chocolat.*

Futur n.	***le futur*** (SPRACHW.) *Conjuguez le verbe «aller» au futur simple et au futur antérieur!*
le futur PFF	1. **Zukunft** f. *Je ne pense pas au futur, je vis au jour le jour.* 2. wie oben

G

Gage f. — ***le cachet*** *Le cachet que cette actrice a touché pour son dernier film est considérable.*

le gage — 1. **(Unter-)Pfand** n. *Comme j'avais oublié mon porte-monnaie, j'ai laissé ma montre en gage chez le commerçant.*
2. **Beweis** m., **Zeichen** n. *Les deux pays ont signé un contrat en gage d'amitié.*

---

garantiert — ***garanti,e*** *Ce pull est garanti pure laine.*

garanti,e PFF — 1. **absichern, schützen** *Ma bicyclette est garantie contre le vol.*
2. wie oben

Garderobe f. — 1. ***la garde-robe*** (Kleider) *Chaque année, elle renouvelle entièrement sa garde-robe.*
2. ***le vestiaire*** (Aufbewahrungsraum) *J'ai déposé mon sac au vestiaire du musée.*
3. ***le portemanteau*** (~nständer) *J'ai accroché ma veste au portemanteau.*

la garde-robe PFF — 1. **Kleiderschrank** m. *Ta garde-robe est beaucoup trop petite pour tous tes vêtements.*
2. wie oben

Gastronom/in — ***le/la restaurateur,-trice*** *Beaucoup de restaurateurs se plaignent de la baisse de fréquentation de leurs établissements.*

le gastronome — **Feinschmecker** m. *Cet ami est un fin gastronome et il cuisine fort bien.*

Gastronomie f. — 1. ***la restauration, l'hôtellerie*** f. *Toute une partie de ma famille travaille dans la restauration depuis des générations.*

2. ***la gastronomie*** (Kochkunst) *La gastronomie est un art difficile qui embellit la vie.*
la gastronomie PFF wie oben

Gelee n./m. ***la gelée*** *J'ai fait de la gelée de groseilles avec les fruits de mon jardin.*
la gelée PFF 1. **Frost** m. *Les agriculteurs craignent les gelées tardives pour leurs récoltes.*
2. wie oben

---

generös ***généreux, -euse*** (großherzig, freigebig) *Il a tenu un discours de réconciliation très généreux.*
généreux, -euse PFF 1. **ertragreich** (Boden), **fruchtbar, feurig** (Wein) *Dans cette région les sols sont très généreux, tout y pousse.*
2. wie oben

Genie n. ***le génie, le champion*** *Le génie n'est pas très éloigné de la folie.*
le génie PFF 1. **Geist** m., **Genius** m. *Il est persuadé qu'un mauvais génie le poursuit.*
2. wie oben

(sich) genieren 1. ***éprouver de la gêne, avoir honte de faire qc*** (Hemmungen haben; sich schämen, etwas zu tun) *J'éprouve de la gêne à parler de choses personnelles.*
2. ***se gêner*** (sich Zwang antun) (grundsätzlich nur in der Negation im Frz.!) *Ne vous gênez surtout pas, faites comme chez vous!*
(se) gêner PFF 1. **behindern, belästigen, stören** *Nous ne pouvons pas travailler dans la même pièce car nous nous gênons.*
2. wie oben

Genre n. ***le genre*** (Kunst) *La nouvelle est un genre que j'apprécie particulièrement en littérature.*

le genre PFF 1. **Art, Weise** f. *Je déteste les plaisanteries de ce genre.*
2. **Geschlecht** n., **Genus** (SPRACHW.) *L'adjectif s'accorde en genre et en nombre avec le nom.*
3. wie oben

Golf n. ***le golf*** (~spiel) *Le golf est un sport d'origine britannique.*

Golf m. ***le golfe*** (GEOGR.) *Une attaque de cargo par des pirates dans le golfe d'Aden a été déjouée.*

le golf / le golfe wie oben

Gosse f. ***le caniveau*** (Rinnstein) *J'ai fait tomber mes clés dans le caniveau.*

le gosse **Kind** n. (ugs.) *Ces gosses n'arrêtent pas de faire des bêtises.*

Grad m. 1. ***le degré*** (Maßeinheit) *Il fait 40 degrés à l'ombre. Nous sommes parents au troisième degré.*
2. ***le grade*** (Universitäts~) *Il ne met jamais en avant ses grades universitaires.*

le grade PFF 1. **Dienstgrad, Rang** m. *Il a obtenu le grade de capitaine.*
2. wie oben

---

graduiert ***diplômé,e*** *Il est diplômé de l'université de Harvard.*

gradué,e **mit einer Skala / Zentimeter- oder Gradeinteilung versehen** *Tu as besoin d'une règle graduée pour dessiner.*

---

graziös ***gracieux,-euse, avec grace*** *Les mouvements gracieux de la danseuse sont d'une grande beauté.*

gracieux,-euse PFF 1. **freundlich, liebenswürdig** *Cette jeune fille a un visage gracieux.*
2. wie oben

---

groß 1. ***grand,e*** *C'est une femme de grande taille.*
2. ***gros, grosse*** (umfangreich, schwer) *Le voyageur a une grosse valise.*
3. ***majuscule*** (Buchstabe) *Les noms propres s'écrivent en lettres majuscules.*

gros, grosse PFF 1. **dick** (korpulent) *Une grosse dame m'a indiqué le chemin.*
2. **dick** (mächtig) *De gros nuages noirs obscurcissent le ciel.*
3. **stark** (Trinker, Esser) *Ce sont tous de gros mangeurs dans cette famille.*
4. wie oben

Gymnasium n. 1. ***le lycée*** *Leur enfant n'a pas été admis au lycée car ses résultats étaient insuffisants.*
2. ***le gymnase*** (Schweiz) *Mon amie a fait sa scolarité au gymnase de Lausanne.*

le gymnase PFF 1. **Turnhalle** f. *Nous avons rendez-vous au gymnase pour participer à un match de volley-ball.*
2. wie oben

H

habilitieren	***passer un doctorat d'État*** *Il a l'intention de passer son doctorat d'État l'année prochaine.*
habiliter	**ermächtigen, berechtigen** *Je ne suis pas habilitée à signer ces documents.*
Halle f.	***la grande salle, le hall*** (Empfangs~, Bahnhofs~, Schalter~, Messe~) *Je t'attendrai dans le hall de la gare.*
la halle	**Markthalle** f. *Les marchands du bourg ont fait construire cette halle au XVe siècle.*
hantieren	***manier, manipuler*** *Dans ce jeu vidéo, les personnages manipulent les armes comme des jouets.*
hanter	1. **in etwas spuken** *Crois-tu qu'un fantôme hante cette maison?* 2. **quälen, umtreiben** *Ce souvenir me hante jour et nuit.*
harmonieren	***s'accorder, s'harmoniser*** *Les formes géométriques des sculptures s'harmonisent bien avec l'architecture du lieu.*
**harmonir*	Ø
Hektik f.	***l'agitation*** f., ***l'énervement*** m. *Toute cette agitation autour d'une affaire sans importance m'indispose.*
**hectique* (Subst.)	Ø
hektisch	1. ***énervé,e, nerveux,-euse, trépidant,e*** *Le rythme de vie dans cette ville est beaucoup trop trépidant pour moi.*

2\. ***hectique*** (MED.) *La fièvre hectique se caractérise par de fortes oscillations thermiques.*

hectique PFF wie oben

---

honorieren 1. ***verser des honoraires, rétribuer*** (bezahlen) *Je ne fais pas un travail bien rétribué mais il me plaît.*

2\. ***récompenser, apprécier à sa juste valeur*** (würdigen) *Il a osé se présenter aux élections et les citoyens ont récompensé son courage.*

honorer 1. **ehren, beehren** *Nous honorons le talent de ce poète.*

2\. **Ehre machen** *Par cet acte, vous avez honoré votre pays.*

3\. **einhalten, einlösen** *Vous n'avez pas honoré vos engagements, c'est regrettable.*

Hostess f. 1. ***l'hôtesse*** f. (Betreuerin, Begleiterin bei Messen) *J'ai souvent travaillé comme hôtesse dans les foires lorsque j'étais étudiante.*

2\. ***la barmaid*** (Bardame) *Pour gagner de l'argent, quelques étudiantes travaillent comme barmaids.*

l'hôtesse f. PFF 1. **Gastgeberin** f. *Qui est l'hôtesse de cette charmante soirée?*

2\. wie oben

Hotel n. ***l'hôtel*** m. *J'ai réservé une chambre à l'hôtel pour le week-end prochain.*

l'hôtel m. PFF 1. **Palais** n., **herrschaftliches Stadthaus** n. *Le musée Picasso à Paris se trouve dans un ancien hôtel particulier appelé l'hôtel Salé.*

2\. wie oben

---

human ***humain,e*** (menschenfreundlich) *La solution que vous proposez n'est pas humaine.*

humain,e PFF 1. **menschlich, Menschen...** *Le corps humain est un système très complexe. L'évolution du genre humain est un sujet passionant.*
2. **menschlich, verständlich** *C'est une erreur humaine.*
3. wie oben

Humanität f. ***l'humanité*** f. (Menschlichkeit) *Ils demandaient seulement un geste d'humanité.*

l'humanité f. PFF 1. **Menschheit** f. *L'humanité tout entière est concernée par le réchauffement climatique.*
2. wie oben

Humor m. ***l'humour*** m. *J'aime les gens qui ont le sens de l'humour et rient volontiers d'eux-mêmes.*

l'humeur f. 1. **Stimmung** f., **Laune** f. *Je te trouve particulièrement de mauvaise humeur aujourd'hui.*
2. **Gemütsart** f., **Wesen** n. *Son humeur triste me rend dépressif.*

I

Idee f. — 1. ***l'idée*** f. (Gedanke, Meinung, Vorstellung) *D'où te vient une idée pareille?*
2. ***un rien, un soupçon*** (kleine Menge) *Je ne prends qu'un soupçon de sucre dans mon café.*

l'idée f. PFF — wie oben

Identität f. — ***l'identité*** f. *Je vous prie d'établir l'identité de toutes les personnes ici présentes.*

l'identité f. PFF — 1. **Übereinstimmung** f. *Nous avons constaté une certaine identité de nos points de vue.*
2. wie oben

---

ignorieren — ***ignorer qn, ne pas tenir compte de qc*** (jdn. nicht beachten, etwas absichtlich übersehen) *Mon voisin m'ignore lorsque je le croise dans l'escalier.*

ignorer PFF — 1. **nicht wissen/kennen** *J'ignorais que tu t'étais acheté un appartement. Elle ignore les difficultés de la vie.*
2. wie oben

---

illusionär — ***illusoire*** *Il vit dans un monde complètement illusoire, à mille lieues de la réalité.*

****illusionnaire*** — Ø

Image n. — ***l'image (de marque)*** f. (Erscheinungsbild in der Öffentlichkeit) *L'image de marque de cette grande maison de couture n'a pas changé depuis sa création.*

l'image f. PFF — 1. **Bild** n. *Les images de ton livre sont un peu floues.*

2. **Vorstellung** f. (mentales Bild) *Je garderai de lui l'image d'un homme droit et curieux de tout.*
3. wie oben

---

imitieren ***imiter*** (nachahmen) *Cet enfant imite le chant des oiseaux à merveille.*

imiter PFF 1. **genauso aussehen wie etwas** *Ce tissu imite parfaitement le cuir.*
2. wie oben

Immatrikulation f. ***l'inscription*** f. *Ton inscription à l'université a été acceptée.*

l'immatriculation f. 1. **Zulassung(snummer)** f., **(Auto-) Kennzeichnen** n. *Je n'arrive pas à retenir le numéro d'immatriculation de ma voiture.*
2. **Eintragung** f., **Anmeldung** f. *L'immatriculation de votre société au Registre du commerce a été effectuée.*

---

immens ***immense, énorme, colossal,e*** *Les expositions des œuvres de Picasso remportent toujours un immense succès.*

immense PFF 1. **sehr weit, sehr groß** *Les joueurs de basket-ball sont souvent immenses.*
2. wie oben

Immobilie f. ***le bien immeuble, l'immobilier*** m. *Le marché de l'immobilier ne se porte pas très bien en ce moment.*

immobile (Adj.) **unbeweglich, bewegungslos** *Caché derrière la porte, l'homme était immobile, prêt à attaquer.*

l'immeuble m. **Wohnhaus** n., **Gebäude** n. *Mon appartement se trouve dans un immeuble classé du siècle dernier.*

immun 1. ***qui jouit de l'immunité parlementaire (ou diplomatique)*** (POLITIK) *Le président de la République n'a pas été condamné en raison de son immunité parlementaire.*
2. ***immunisé*** (MED.) (~ machen) *Nous ne sommes pas immunisés contre la grippe.*

immun Ø

implizieren ***impliquer*** (mit einschließen, einbeziehen, bedeuten) *Le récent remaniement ministériel implique un changement de ligne politique.*

impliquer PFF 1. **verwickeln** *J'aimerais bien que vous ne m'impliquiez pas dans vos affaires louches.*
2. wie oben

impotent ***impuissant,e*** *Louis XVI était impuissant et son mariage avec Marie-Antoinette en a souffert.*

impotent,e **bewegungsunfähig** (MED.) *Cela fait des années qu'il est impotent et condamné à rester dans un fauteuil.*

Impression f. ***l'impression*** f. (Eindruck, Empfindung, Gefühl) *J'aimerais connaître vos impressions sur le film que vous venez de voir.*

l'impression f. PFF 1. **Druck** m., **Gedrucktes** n., **Bedrucken** n., **Stoffdruck** m. *La qualité d'impression de ces photos n'est pas bonne. J'ai visité une manufacture d'impression sur étoffes.*
2. wie oben

Impuls m. ***l'impulsion*** f. *Le nouveau directeur a donné une nouvelle impulsion à l'entreprise.*

impulse Ø

Index m. 1. ***l'indice*** m. (WIRTSCH., MATH.) *Les indices boursiers européens ont lourdement chuté à la clôture.*
2. ***l'index*** m. (Verzeichnis) *L'index de ce livre est incomplet et rend la recherche difficile.*

l'index m. PFF 1. **Zeigefinger** m. *Il est impoli de pointer son index sur une personne.*
2. wie oben

---

indifferent ***indifférent,e*** (wenig interessiert, gleichgültig) *D'après les sondages, un tiers des personnes interrogées se sont montrées indifférentes à l'abandon de leur monnaie pour l'euro.*

indifférent,e PFF 1. **belanglos, unwichtig** *Pour le poste requis, l'âge et le sexe sont indifférents.*
2. wie oben

Indikation f. ***l'indication*** f. (Heilanzeige) (MED.), ***le motif*** (Anzeichen, Merkmal) *Il n'y a aucune indication thérapeutique justifiant une intervention chirurgicale.*

l'indication f. PFF 1. **Angabe** f., **Hinweis** m., **Auskunft** f., **Anweisung** f. *Je ne dispose pas de toutes les indications nécessaires pour remplir votre dossier.*
2. wie oben

Indikativ m. ***l'indicatif*** (SPRACHW.) *Le mode indicatif convient bien à ce récit.*

l'indicatif m. PFF 1. **(Vorwahl-)Nummer** f. *L'indicatif téléphonique de Paris est le 01.*
2. **Kennmelodie** f. *J'aime beaucoup l'indicatif de certaines émissions de radio.*
3. wie oben

---

indiskutabel ***inadmissible*** (nicht in Frage kommend, keiner Erörterung wert) *Les propos racistes tenus par certains leaders politiques sont inadmissibles.*

indiscutable **unbestreitbar, ganz klar** *Vos arguments sont indiscutables, nous ne les mettons pas en doute.*

---

individuell ***individuel,le*** *La liberté individuelle est nécessaire à l'épanouissement de chacun.*

individuel,le PFF 1. **Eigen..., Einzel..., Einfamilien...** *Ils se sont acheté une maison individuelle.*
2. wie oben

Indiz n. ***l'indice*** m., ***le signe*** *Ils n'ont montré aucun signe de sérieux dans la politique menée. De nombreux indices ont été retrouvés sur les lieux du crime.*

l'indice m. PFF 1. **Index** m. *L'indice du coût de la vie est en hausse.*
2. **(Einschalt-)Quote** f. *L'indice d'écoute de ma chaîne de télévision préférée est stable.*
3. wie oben

Infekt m. ***l'infection*** f. (MED.) *Le médecin a diagnostiqué une infection grippale chez son patient.*

infect,e (Adj.) **abscheulich, widerlich, ekelhaft, scheußlich** *Cet individu est particulièrement infect. Il fait un temps infect aujourd'hui.*

Infektion f. ***l'infection*** f. (MED.) *L'infection par le virus de la rougeole peut avoir des conséquences graves chez l'enfant.*

l'infection f. PFF 1. **scheußlicher Geruch** m. (ugs.) *Ouvrez les fenêtres, c'est une infection ici!*
2. wie oben

---

inflationär ***inflationniste*** *Certains économistes sont partisans d'une politique inflationniste pour stimuler la croissance.*

inflationnaire Ø

Informant/in ***l'informateur, -trice*** *L'homme qui vient d'être arrêté travaillait en tant qu' informateur au service d'une organisation secrète.*

****informant*** Ø

Information f. ***l'information*** f., ***le renseignement*** (Auskunft) *Il est parti en voyage d'information pour son journal.*

l'information f. PFF 1. **Nachrichten** f. Pl. (in den Medien) (Pl. im Frz.) *Nous ne manquons jamais les informations télévisées du soir.*
2. wie oben

Infusion f. ***la perfusion*** (MED.) *Puisque le malade ne peut plus s'alimenter, il est sous perfusion depuis quelques jours.*

l'infusion f. 1. **(Kräuter-)Tee** m. *Veux-tu une infusion de verveine fraîche?*
2. **Aufguss** m., **Ziehenlassen** n. *Le temps d'infusion ne doit pas dépasser de cinq minutes sinon le thé est trop fort.*

---

innovativ ***innovateur, -trice*** *Ses méthodes d'enseignements sont innovatrices.*

****innovatif*** Ø

---

inoffiziell ***non officiel, le, officieux, -euse*** (halbamtlich) *D'après des sondages officieux, mon candidat serait gagnant.*

****inofficiel*** Ø

Inspektion f. 1. ***la révision, l'inspection*** f. (Kontrolle, Überprüfung) *Ma voiture est au garage pour la révision annuelle.*
2. ***l'inspection*** f. (Aufsichtsbehörde) *Le général a été muté à l'inspection générale de l'armée de terre.*

l'inspection f. PFF 1. **(Schulaufsichts-)Behörde** f. *L'inspection académique gère l'organisation scolaire.*
2. wie oben

Inspektor/in 1. ***le/la fonctionnaire*** (Verwaltungsbeamter, -beamtin) *Les fonctionnaires de l'ONU sont de nouveau autorisés à se rendre dans ce pays jusqu'à présent interdit.*
2. ***l'inspecteur, -trice*** (Prüfer/in) *Les restaurants de la ville ont reçu plusieurs inspecteurs d'un guide bien connu au cours des dernières semaines.*

l'inspecteur, -trice PFF 1. **(Ober-)Schulrat/-rätin** *J'ai reçu un inspecteur dans ma classe cette semaine.*
2. **Polizeikommissar/in** *Son père est inspecteur de police dans la région parisienne.*
3. wie oben

---

inspirieren ***inspirer*** (anregen, begeistern) *Ce texte vous inspire-t-il davantage que le précédent?*

inspirer PFF 1. **einatmen** *Inspirez bien à fond avant chaque exercice.*
2. **erwecken, erregen, Anlass geben** *Son état de santé m'inspire une grande inquiétude.*
3. wie oben

---

installieren ***installer*** (einbauen, anschließen) *J'ai dû faire installer l'eau, le gaz et le téléphone dans mon nouveau logement.*

installer PFF 1. **einrichten, ausstatten, aufstellen** *Installez donc la tente dans le jardin.*
2. **in ein Amt einweisen, einführen, einsetzen** *Le nouveau maire a été officiellement installé dans ses fonctions le mois dernier.*
3. wie oben

Instanz f. ***l'autorité*** f., ***l'instance*** f. (RECHTSSPR.) *Votre dossier a été transmis à l'autorité compétente. L'affaire va être jugée en dernière instance.*

l'instance f. PFF 1. **Drängen** n., **dringende Bitten** f. Pl. *Je me suis rendue chez lui sur ses instances.*
2. wie oben

Institut n. ***l'institut*** m. (wissenschaftliche Einrichtung, Forschungsstätte, Akademie) *Mon ami travaille dans un institut pour la prévention de la criminalité. J'enseigne dans un institut universitaire de technologie.*

l'institut m. PFF 1. **Kosmetik-, Schönheitsalon** m. (***~ de beauté***) *A quelle heure as-tu rendez-vous à l'institut de beauté?*
2. wie oben

Institution f. ***l'institution*** f. (Behörde, Gesellschaft, öffentliche Einrichtung) *Son examen va porter sur les institutions européennes.*

l'institution f. PFF 1. **Einführung** f., **Einrichten** n. *L'institution d'un service civique obligatoire est en projet à l'Assemblée.*
2. **Lehranstalt** f. *J'ai fait ma scolarité dans une institution religieuse.*
3. wie oben

Instruktion f. ***l'instruction*** f. (Verhaltensmaßregel), ***la consigne*** (Vorschrift, Anweisung) *Avez-vous pris connaissance des nouvelles consignes de sécurité?*

l'instruction f. PFF 1. **Unterricht** m., **Ausbildung** f., **Belehrung** f. *En France, il n'y a pas d'instruction religieuse dans les écoles publiques.*
2. **Wissen** n., **Kenntnisse** f. Pl. *Certaines personnes ont de l'instruction, d'autres en manquent cruellement.*
3. wie oben

---

inszenieren ***mettre en scène, réaliser*** *Patrice Chéreau a réalisé de nombreux films et mis en scène des pièces de théâtre de grande qualité.*
***inscéner** Ø

Intelligenz f. 1. ***l'intelligence*** f. *L'intelligence précoce de cet enfant fait la fierté de ses parents.*
2. ***les intellectuels*** m. Pl., ***l'intelligentsia*** f. *Les dictatures contraignent souvent l'intelligentsia à l'exil.*
l'intelligence f. PFF 1. **Einvernehmen** n., **Einverständnis** n. *Je vis en bonne intelligence avec mes voisins.*
2. **Verständnis** n., **Sinn** m. *Il serait bon d'expliciter le contexte de l'histoire pour l'intelligence du texte.*
3. wie oben

Intendant/in ***le/la directeur,-trice*** (MEDIEN, THEATER) *La nomination d'un nouveau directeur a suscité des protestations dans le monde audiovisuel.*
l'intendant,**e** **Verwalter/in, Verwaltungsdirektor/in** *L'intendant du lycée a été condamné pour détournement de fonds.*

---

intensiv 1. ***intensif,-ive*** *Nous sommes opposés à la culture intensive. Je suis un cours intensif d'arabe.*
2. ***intense*** (Schmerz, Farbe, Lärm, Geruch) *Je ne supporte pas cette couleur intense.*
intensif,-ive PFF wie oben

Interesse n. ***l'intérêt*** m. *Ils se sont séparés car il n'avaient plus d'intérêts communs.*

l'intérêt m. PFF 1. **Eigennutz** m., **Vorteil** m. *Tu as uniquement agi par intérêt dans cette affaire.*
2. **Zinsen** m. Pl. *Mes placements ne me rapportent pas beaucoup d'intérêts.*
3. wie oben

Interessent/in ***la personne intéressée, l'amateur*** m. *Y a-t-il des amateurs pour cette pièce de collection?*

****intéressent*** Ø

---

interessiert ***qui s'intéresse à tout, curieux,-euse*** *Un public très curieux a assisté à notre débat sur l'avenir de la planète.*

intéressé,e 1. **betroffen, in Frage kommend** *Les personnes intéressées sont priées de se présenter au guichet.*
2. **eigennützig, auf seinen Vorteil bedacht** *Ce sont des gens intéressés qui n'agissent qu'en fonction de leurs propres besoins.*

Interpretation f. 1. ***l'interprétation*** f. (Darstellung, künstlerische Wiedergabe) *Le pianiste a donné une interprétation magnifique de la sonate de Mozart.*
2. ***l'interprétation*** f., ***l'explication*** f. (Auslegung, Deutung) *Je ne suis pas d'accord avec ton explication de texte.*

l'interprétation f. PFF 1. **Dolmetschen** n., **mündliches Übersetzen** n. *L'interprétation simultanée de la conférence était assurée par plusieurs interprètes.*
2. wie oben

Intervention f. ***l'intervention*** f. (Eingreifen) *Une intervention armée est hors de question.*

l'intervention f. PFF 1. **Stellungnahme** f., **Diskussionsbeitrag** m. *Son intervention au colloque a été très remarquée.*
2. **chirurgischer Eingriff** m. *Il doit subir une petite intervention sous anesthésie générale.*
3. **Eintreten** n., **Dazwischenkommen** n. *Malgré l'intervention de la pluie, le match de tennis n'a pas été interrompu.*
4. wie oben

Intimität f. 1. ***l'intimité*** f. (Vertrautheit, Vertraulichkeit) *Il y a entre eux une grande intimité, ils sont très liés, très amis.*
2. ***le rapport (sexuel)*** (sexuelle Handlung) *Je n'ai plus de rapports avec mon mari.*

l'intimité f. PFF 1. **Gemütlichkeit** f., **Behaglichkeit** f. *J'aime l'intimité de certains cafés parisiens.*
2. **Privatsphäre** f. *Cet acteur célèbre préserve son intimité.*
3. wie oben

---

intrigieren ***intriguer*** (hinterlistig handeln, Ränke schmieden) *Certaines personnes ne peuvent s'empêcher d'intriguer.*

intriguer PFF 1. **beschäftigen, neugierig machen** *Son comportement m'intrigue au plus haut point.*
2. wie oben

Inventar n. 1. ***le mobilier, l'équipement*** m. (Einrichtungsgegenstände) *Les bâtiments et le mobilier ont subi de graves dommages.*
2. ***l'inventaire*** m. (Verzeichnis) *L'inventaire de vos biens sera établi dans les prochains jours.*

l'inventaire m. PFF 1. **Inventur** f. *Le magasin est fermé pour cause d'inventaire.*
2. wie oben

investieren	***investir*** (WIRTSCH.) (auch fig.) *Il est nécessaire que vous investissiez dans cette entreprise mais n'investissez pas trop d'énergie dans votre travail.*
investir PFF	1. **in ein Amt einsetzen, als Kandidaten aufstellen** *Les électeurs m'ont investi d'un mandat parlementaire.* 2. **einschließen, umzingeln** *Les militaires ont investi la ville.* 3. wie oben
Investition f.	***l'investissement*** m. (Geldanlage), ***la dépense*** (Aufwendung) *Les investissements étrangers dans l'immobilier ont chuté.*
****investition***	Ø
Isolation f.	1. ***l'isolement*** m. (Absonderung/Trennung von Kranken, Häftlingen etc., politische Isolierung) *Certains pays ont réduit l'isolement de Cuba.* 2. ***l'isolation*** f. (Abdichtung) *L'isolation thermique réduit la consommation d'énergie.*
l'isolation f. PFF	wie oben

J

Jackett n. — ***le veston, la veste*** *Été comme hiver, il porte un veston blanc.*

la jaquette — 1. **Cutaway** m. (offizieller Gesellschaftsanzug), **taillierte Kostümjacke** f. *La jaquette est un vêtement de cérémonie pour les hommes et une veste assortie à la jupe pour les femmes.*
2. **Schutzumschlag** m. *Les DVD sont présentés à la vente sous jaquette.*
3. **Jacketkrone** f. *Le dentiste m'a posé une jaquette.*

Jalousie f. — ***la jalousie, le store vénitien*** *J'ai fait remplacer toutes les jalousies par des volets.*

la jalousie PFF — 1. **Neid** m., **Missgunst** f. *Ses petites jalousies mesquines m'exaspèrent.*
2. **Eifersucht** f. *La jalousie empoisonne leur vie de couple.*
3. wie oben

Jura (ohne Artikel!) — ***le droit*** (Studium der Rechtswissenschaft) *Il veut faire des études de droit pour devenir avocat.*

le Jura — **Jura** m. *Le Jura est une montagne, un département français et un canton suisse.*

Justiz f. — ***la justice*** (Rechtswesen, Gerichtsbarkeit) *La ministre de la Justice est très contestée.*

la justice PFF — 1. **Gerechtigkeit** f., **Recht** n. *Le débat sur la justice sociale ne date pas d'aujourd'hui.*
2. wie oben

K

Kabinett n. 1. ***le cabinet, le ministère, le gouvernement*** (Regierung) *Le cabinet du Premier ministre n'a pas donné suite à la proposition de loi des députés.*
2. ***le cabinet*** (kleinerer Museumsraum) *Le cabinet des monnaies de ce musée a été dévalisé.*

le cabinet PFF 1. **Sprechzimmer** n., **Praxis** f. (Arzt, Anwalt) *J'habite au-dessus d'un cabinet d'avocats spécialisés dans le droit des affaires.*
2. **Toilette** f. (Pl. im Frz.) *Les cabinets sont un lieu réservé aux besoins naturels.*
3. wie oben

Kader m. 1. ***le cadre*** (MILIT., POLITIK) *Cinq cadres du parti ont été exclus pour cause de malversations financières.*
2. ***la sélection*** (SPORT) *La sélection olympique de football du Cameroun est actuellement en stage dans ma ville.*

le cadre PFF 1. **Rahmen** m. (Bilder~, Fahrrad~) *J'ai acheté des cadres anciens pour mes photos de famille.*
2. **Umgebung** f., **Kreis** m. (fig.) *J'ai un cadre de vie très agréable, je vis entourée de verdure.*
3. **Angestellte/r** *Je suis cadre supérieur dans une entreprise de taille moyenne.*
4. wie oben

Kai m. ***le quai*** (~mauer, Uferstraße) *J'aime beaucoup me promener sur les quais de la Seine du côté de Notre-Dame.*

le quai PFF 1. **Bahnsteig** m. *Je me suis trompée de quai et je suis montée dans le mauvais train.*
2. wie oben

Kalender m. ***le calendrier*** (Wand~), ***l'almanach*** m. (Volks~, Bauern~), ***l'agenda*** m. (Taschen~, Termin~) *Tout comme le calendrier chinois, le calendrier japonais comporte une partie solaire et une partie lunaire.*

le calendrier PFF 1. **Programm** n., **Zeitplan** m. *J'ai un calendrier très chargé ce mois-ci, je n'aurai pas le temps de passer te voir.*
2. wie oben

Kalkül n./m. ***le calcul*** (Berechnung) *Ses calculs tactiques étaient bons, il a obtenu le pouvoir.*

le calcul PFF 1. **Rechnen** n., **Kalkulation** f. *À l'école, j'étais faible en calcul mais très bonne en français.*
2. wie oben

Kamera f. 1. ***la caméra*** (Film~) *Je préfère être derrière la caméra que devant.*
2. ***l'appareil photo(graphique)*** m. (Fotoapparat) *Nous nous sommes fait dérober notre appareil photo numérique.*

la caméra PFF wie oben

Kamerad/in ***le/la camarade*** *J'ai retrouvé de vieux camarades de classe et de régiment par l'intermédiaire d'internet.*

le/la camarade PFF 1. **Genosse/Genossin** *Les membres des partis de gauche s'appellent entre eux camarade.*
2. wie oben

Kampagne f. ***la campagne*** (Feldzug, größere Werbeaktion, Wahl~) *La campagne de Russie a été me-*

née par Napoléon Bonaparte. Les candidats sont déjà en campagne pour les prochaines élections présidentielles.

la campagne PFF 1. **Land** n. (im Gegensatz zur Stadt) *J'aime beaucoup la campagne mais je préfère la mer.*
2. wie oben

Kanone f. 1. ***le canon*** *La plupart des stations de ski sont équipées de canons à neige.*
2. ***l'as*** m., ***le crack*** (Sports~) *Ce jeune joueur espagnol est un as du tennis.*

le canon PFF 1. **Gewehrlauf** m. *Les canons de leurs fusils étaient pointés sur la foule des manifestants.*
2. **Glas** n. (Wein) (ugs.) *Ils sont partis boire un canon dans le bar du coin.*
3. **Kanon** m. (KUNST, MUSIK) *Leur canon à deux voix était magnifique.*
4. wie oben

Kapazität f. 1. ***la capacité*** (Fassungs-, Leistungsvermögen, Aufnahmefähigkeit) *Le nouveau stade de football a une capacité suffisante pour accueillir 100 000 spectateurs.*
2. ***la sommité*** (Experte, prominente Persönlichkeit) *Cette femme est une sommité dans le domaine de la médecine.*

la capacité PFF 1. **Fähigkeit** f., **Tüchtigkeit** f. *Elle a des capacités intellectuelles supérieures à la moyenne et une faible capacité de travail.*
2. wie oben

Kapitän m. ***le capitaine*** (MARINE, SPORT), ***le commandant*** (Flug~) *Sais-tu qui est le capitaine de l'équipe de France de football?*

le capitaine PFF 1. **Hauptmann** m. (MILIT.), **Brandmeister** m. (~ ***des pompiers***) *Le capitaine des pom-*

piers a été gravement brûlé dans l'incendie de l'immeuble.
2. wie oben

Karawane f. — ***la caravane*** *Des caravanes formées de centaines de dromadaires traversent le désert.*

la caravane — 1. **Wohnwagen** m., **Wohnanhänger** m. *Je préfère dormir dans une caravane plutôt que sous la tente.*
2. wie oben

---

kariert — ***quadrillé, e*** (Papier), ***à carreaux*** (Stoff) *Prenez du papier quadrillé pour faire votre croquis.*

carré, e — 1. **quadratisch** *Je me suis acheté des assiettes carrées.*
2. **eckig, breit** *C'est un homme de grande taille, aux épaules très carrées.*
3. **klar, eindeutig, direkt** *La réponse à la question posée était des plus carrées.*

Karriere f. — ***la carrière*** *Tous ses enfants ont fait carrière dans la musique.*

la carrière PFF — 1. **Steinbruch** m. *Paris compte de nombreuses carrières souterraines.*
2. wie oben

Karte f. — 1. ***la carte*** (Spiel~, Kredit~, Speise~, Land~) *Dans mon sac, j'ai un jeu de cartes, une carte routière et plusieurs cartes de crédit.*
2. ***le menu*** (Speise~), ***le billet*** (Zug, Flugzeug, Kino, Theater, Oper, Museum), ***le ticket*** (U-Bahn, Bus) *J'ai acheté deux billets pour le prochain concert à la Philharmonie.*

la carte PFF — 1. **Ausweis** m. (Dokument) *J'espère que tu n'as pas oublié ta carte d'identité ainsi que ta carte d'étudiant.*
2. wie oben

Karton m. — ***le carton*** (dünne Pappe, Schachtel/Behälter aus Pappe) *J'ai commandé une centaine de cartons pour mon déménagement.*

le carton PFF — 1. **(Zeichen-)Mappe** f. (~ ***à dessin***) *J'ai besoin d'un nouveau carton à dessin.*
2. **(Verwarn-)Karte** f. (SPORT) *Un footballeur a reçu un carton rouge pour avoir insulté l'arbitre.*
3. wie oben

---

kassieren — ***encaisser*** (Geld ~, einziehen, einstecken müssen) *Cet assureur était davantage prompt à encaisser qu'à payer. Un boxeur encaisse entre 40 et 50 coups par round.*

casser — 1. **(zer)brechen, zerschlagen, kaputtmachen** *J'ai cassé mon miroir en mille morceaux.*
2. **stören, unterbrechen** *L'arrivée de ce personnage désagréable a cassé l'ambiance.*

---

katastrophal — ***catastrophique*** *Ton bulletin scolaire est catastrophique, tu risques de redoubler.*

****catastrophal*** Ø

Kategorie f. — ***la catégorie*** (Gruppe, Klasse, Gattung) *La prochaine fois, je choisirai un hôtel de catégorie supérieure.*

la catégorie PFF — 1. **Lohngruppe** f. *Dans quelle catégorie de salaires te trouves-tu?*
2. wie oben

Kavalier m. — 1. ***l'homme galant*** m., ***le gentleman*** *Il n'y a plus beaucoup de gentlemen de nos jours.*

le/la cavalier, -ière — 1. **Reiter/in** *C'est une très bonne cavalière, elle monte depuis son plus jeune âge.*
2. **Tanzpartner** m. *Mon cavalier, au bal du 14 juillet, était un excellent danseur.*
3. **Springer** m., **Rössel** n. (Schach) *J'ai déplacé mon cavalier.*

Kiosk m. ***le kiosque*** *Le kiosque à journaux le plus proche se trouve à l'entrée du métro.*

le kiosque PFF 1. **(Garten-)Pavillon** m. *Le kiosque à musique du Luxembourg abrite souvent des joueurs d'échecs.*
2. wie oben

Kissen n. ***le coussin*** (Zier~), ***l'oreiller*** m. (Kopf~) *Le chat était caché sous une montagne de coussins.*

le coussin PFF 1. **Polster** n. *Les coussins de mes fauteuils viennent d'être refaits à neuf.*
2. wie oben

---

klasse ***chouette, super*** (ugs.) *Je trouve ces boucles d'oreille très chouettes.*

**classe* (Adj.) Ø

Klasse f. ***la classe*** (Schul~, Gesellschafts~), ***la qualité*** (Güteklasse), ***la catégorie*** (SPORT, Führerschein) *J'ai pris un billet de deuxième classe pour mon voyage en train.*

la classe PFF 1. **Unterricht** m., **Schul...** *J'ai revendu tous mes vieux livres de classe à un collectionneur.*
2. wie oben

Klassik f. ***le classicisme, la période classique*** *Weimar est le haut lieu du classicisme allemand.*

**la classique* Ø

Klassiker m. ***le classique*** (literarisches Werk, Autor) *Ce livre fait partie des classiques que je n'hésite pas à relire.*

le classique PFF 1. **Autor/Künstler** m. (der sich von der Antike inspirieren lässt) *Il ne faut pas confondre les classiques avec les romantiques.*

2. **klassische Musik** f. *Elle aime beaucoup le classique et déteste le rock.*
3. wie oben

---

klassisch — ***classique*** (traditionell, herkömmlich, konventionell) *Dans cette famille, la répartition des tâches est des plus classiques. L'emploi de certaines armes classiques est interdit par le droit international humanitaire.*

classique PFF — 1. **humanistisch** *Contrairement à toi, j'ai fait des études classiques.*
2. wie oben

Klavier n. — ***le piano*** *Je joue du piano depuis l'âge de 5 ans.*

le clavier — 1. **Klaviatur** f. (Gesamtheit der Tasten eines Musikinstruments) *Les touches noires du clavier sont enfoncées.*
2. **Tastatur** f. *Quand je travaille sur un ordinateur à clavier allemand, je fais des fautes de frappe.*

Klinik f. — ***l'hôpital*** m. (Krankenhaus), ***la clinique*** (Privat~) *Son frère a été admis au service des urgences de l'hôpital.*

Klinikum n. — 1. ***le centre hospitalier universitaire, le CHU*** *Je suis actuellement en stage au CHU de Marseille.*
2. ***l'internat*** m. (im Arztstudium) *Il termine sa deuxième année d'internat à l'hôpital de la Timone à Marseille.*

la clinique — **(Privat-)Klinik** f. *Le blessé a été transporté dans une clinique.*

Kode m. — ***le code*** *Le code génétique est un système de correspondances entre le langage de l'ADN et celui des protéines.*

le code PFF 1. **Gesetzbuch** n., **Verkehrsordnung** f. (~ ***de la route***) *En 1807 le Code civil a pris le nom de Code Napoléon.*
2. **Kodex** m. (ungeschriebene Verhaltensregel) *Son code de l'honneur lui interdit de porter des armes.*
3. **Geheimnummer** f. (~ ***confidentiel***), **Postleitzahl** f. (~ ***postal***) *Je ne me souviens plus du code de ma carte de crédit.*
4. wie oben

Koffer m. ***la valise*** *J'ai dû payer un supplément pour ma valise à l'aéroport car elle dépassait les 20 kilos autorisés.*

le coffre 1. **Truhe** f., **Kiste** f. *J'ai rangé tes déguisements dans le coffre à jouets.*
2. **Kofferraum** m. *Il n'y a plus de place dans le coffre, prends ton sac sur les genoux.*

---

kokett ***coquet, te*** *Ces jeunes filles ont un regard coquet.*

coquet, te PFF 1. **adrett, gepflegt, hübsch, stolz** *Ils habitent une petite maison coquette aux environs de Paris.*
2. **stattlich, beträchtlich** *Cette plaisanterie m'a coûté la coquette somme de 2000 euros.*
3. wie oben

Kollaboration f. **la collaboration** (POLITIK) (Zusammenarbeit mit dem Feind im Krieg) *La collaboration est une page sombre de l'histoire de France.*

la collaboration PFF 1. **Zusammenarbeit** f., **Mitarbeit** f., **Mitwirkung** f. *Nous montons un projet en collaboration avec le ministère de la Culture.*
2. wie oben

Kolleg n. ***le collège*** (Jesuiten~) *Il a fait sa scolarité au collège Leibniz de Leipzig.*

le collège PFF 1. **Gesamtschule** f. (Sekundarstufe I) *C'est sa dernière année de collège, il ira ensuite au lycée.*
2. **Wählerschaft** f. (~ ***électoral***) *Le collège électoral désigne un groupe de personnes restreint.*
3. wie oben

Kollege/Kollegin 1. ***le/la collègue*** *J'ai rencontré un collègue de bureau au cinéma.*
2. ***le confrère*** (Fach~), ***l'homologue*** m. (Amts~) *J'ai adressé mes patients à un confrère en mon absence.*

le/la collègue PFF wie oben

Kollektion f. ***la collection*** (Muster~) *La nouvelle collection automne-hiver est dans les tons de marron.*

la collection PFF 1. **Sammlung** f., **Menge** f. *Il a une collection de livres rares impressionnante. Elle possède une belle collection de vêtements.*
2. **(Buch-)Reihe** f. *Ce roman vient de paraître dans la collection de poche.*
3. wie oben

---

kollektiv ***collectif,-ive*** (gemeinschaftlich) *Le succès de ce projet est dû à une performance collective.*

collectif,-ive PFF 1. **Massen..., Sammel...** *De nombreuses entreprises procèdent actuellement à des licenciements collectifs.*
2. wie oben

---

kolorieren ***colorier*** (ausmalen) *Il a colorié les dessins de sa bande dessinée à la main.*

colorer **Farbe annehmen, färben** *Le bon air a coloré ses joues.*

Kombination f. ***la combinaison*** (Anzug; Zahlen~), ***la déduction*** (gedankliche Verknüpfung), ***le combiné alpin*** (SPORT) *Il a joué une seule fois au loto et sa combinaison était gagnante.*

***combination** Ø

la combinaison PFF 1. **Mittel** n., **Machenschaften** f. Pl., **Trick** m. *Ils ont recouru à une combinaison douteuse pour protéger leurs intérêts.*
2. **Unterkleid** n., **Unterrock** m. *Tu portes une belle combinaison en dentelles.*
3. wie oben

---

komisch 1. ***comique, drôle*** (lustig) *Cet acteur joue toujours des rôles comiques.*
2. ***étrange, bizarre*** (merkwürdig, sonderbar) *Tu as parfois des idées bizarres.*

comique PFF wie oben

---

kommandieren ***commander*** (befehlen) *Voici le général qui commande le corps d'armée.*

commander PFF 1. **bestellen** (Taxi, Kaffee etc.), **in Auftrag geben** *Le collectionneur d'art a commandé un tableau à un peintre renommé.*
2. **beherrschen, kontrollieren** *Les troupes commandent l'accès à la ville.*
3. **erfordern, verlangen** *Cette situation commande une grande patience.*
4. wie oben

Kommando n. 1. ***le commandement*** (Befehlsgewalt) *Le commandement des troupes de coalition est passé aux Américains.*

2\. ***le commando*** (Abteilung mit Sonderauftrag) *Un commando d'hommes armés a fait irruption dans la banque.*

le commando PFF wie oben

Kommentar m. ***le commentaire*** (kritische Stellungnahme, negative persönliche Anmerkung) *Tous les commentaires de presse du jour s'accordent à condamner les propos du dirigeant politique. J'aimerais que vous m'épargniez vos commentaires!*

le commentaire PFF 1. **Textinterpretation** f., **Textanalyse** f. *Je ne maîtrise pas très bien la technique du commentaire composé.*
2\. wie oben

Kommerz m. ***le commerce*** (wirtschaftlicher Handel) (geh., manchmal neg.), ***le négoce*** (neg.) *Certains sports sont un véritable commerce.*

le commerce PFF 1. **Handel** m. *Le commerce extérieur est actuellement peu florissant.*
2\. **Geschäft** n., **Laden** m. *Les petits commerces sont encore assez nombreux dans les grandes villes.*
3\. wie oben

Kommissar/in ***l'inspecteur,-trice de police*** m. (Polizei), ***le commissaire*** (Behörde, POLITIK) *Le commissaire européen chargé du sport souhaite un changement de réglementation en matière de dopage.*

le/la commissaire PFF 1. **Kampfrichter/in** m. *Les commissaires assurent le bon déroulement d'une compétition.*
2\. wie oben

kommissarisch ***provisoire, intérimaire, par intérim*** *Alain Poher a été président par interim à la mort de Georges Pompidou.*
****commissaire*** (Adj.) Ø

Kommission f. ***la commission*** (Ausschuss) *Une commission formée de trois personnes est chargée d'enquêter sur l'affaire.*
la commission PFF 1. **Auftrag** m., **Besorgung** f. *Je dois vous transmettre une commission de la part de votre voisine.*
2. **Provision** f., **Vermittlungsgebühr** f. *L'agent immobilier a touché dix pour cent de commission sur la vente de ce château.*
3. wie oben

Kommunikation f. ***la communication*** *Le président de la République a choisi un conseiller qui a une grande expérience en communication politique.*
la communication PFF 1. **Mitteilung** f., **Bekanntgabe** f., **Übermittlung** f. *La communication des dossiers prendra beaucoup de temps.*
2. **Nachricht** f., **kurzer Bericht** m. *Quel est le sujet de ta nouvelle communication scientifique?*
3. **Verbindung** f., **Kontakt** m., **Gespräch** n. *La communication téléphonique est très mauvaise.*
4. wie oben

Kommunion f. ***la communion*** (REL.) (Abendmahlsfeier, Feier der Erstkommunion) *La communion désigne l'actualisation du sacrifice de Jésus avec ses disciples. Il va faire sa première communion.*

la communion PFF 1. **Gemeinschaft** f. (REL.) *La communion des saints unit les vivants et les morts.*
2. **Übereinstimmung** f., **Einklang** m. *Elle pense que l'animal est en communion de pensée avec la personne qui s'occupe de lui.*
3. wie oben

---

kommunizieren 1. ***communiquer*** (sich verständigen) *Nous apprenons à communiquer par la parole et par les gestes.*
2. ***communier*** (zum Abendmahl gehen) *Les personnes divorcées ne sont pas autorisées à communier.*

communiquer PFF 1. **übermitteln, bekanntgeben** *Les renseignements qui m'ont été communiqués sont secrets.*
2. **übertragen, mitteilen, vermitteln** *Il n'est pas parvenu à me communiquer son enthousiasme.*
3. wie oben

Komödie f. ***la comédie*** (LITERATURW.) *Les comédies de Molière sont régulièrement mises en scène.*

la comédie PFF 1. **Drama** n. (fig.), **Theater** n. (auch fig.), **Affentheater** n. *Il a fait toute une comédie d'une affaire sans importance.*
2. wie oben

Kompagnon m. ***l'associé*** m. *Un de ses associés est parti avec la caisse.*

le compagnon 1. **Gefährte** m., **Kamerad** m. *Ma mère a perdu le compagnon de toute une vie.*
2. **Geselle** m. *Le compagnon est un ouvrier qualifié dans certaines professions artisanales.*

Kompanie f. ***la compagnie*** (MILIT.) *Ce sont des légionnaires de la première compagnie de combat.*

la compagnie PFF 1. **Gesellschaft** f., **Begleitung** f. *Ta compagnie est toujours très agréable.*
2. **Gesellschaft** f., **Firma** f., **Ensemble** n. (Bühne) *Pour quelle compagnie aérienne travailles-tu?*
3. wie oben

Kompass m. ***la boussole, le compas*** (See~) *Les navigateurs utilisent la boussole ou le compas depuis des centaines d'années.*

le compas PFF 1. **Zirkel** m. *Prends un compas pour tracer tes figures géométriques.*
2. wie oben

Kompliment n. ***le compliment*** *Il m'a fait des compliments sur ma tenue.*

le compliment PFF 1. **Empfehlung** f. *Faites bien mes compliments à votre épouse!*
2. **Begrüßungsworte** n. Pl., **Glückwunschansprache** f. *Mon enfant m'a récité un joli compliment.*
3. wie oben

Komposition f. ***la composition*** (KUNST, MUSIK) *La composition des éléments dans ce tableau est très étrange. Il étudie actuellement la composition d'opéras au conservatoire de Paris.*

la composition PFF 1. **Klassenarbeit** f. *J'ai eu une mauvaise note à ma composition française.*
2. **Auf-, Zusammenstellung** f. *Nous attendons l'annonce de la composition du nouveau gouvernement.*
3. wie oben

Kompott n. ***la compote*** *Veux-tu goûter à ma compote de rhubarbe?*

la compote PFF 1. (***en*** ~) **kaputt** (Körperteil) (ugs.) *J'ai le dos en compote.*
2. wie oben

Kondition f. 1. ***la condition*** (Bedingung, Voraussetzung) *En France, avoir dix-huit ans est une condition pour pouvoir voter.*
2. ***la condition (physique)*** (körperliche Verfassung), ***l'entraînement*** m. (Training) *Je manque d'entraînement pour entreprendre une telle marche.*

la condition PFF 1. **Lage** f., **Verhältnisse** n. Pl. *Le tragique de la condition humaine est le thème d'un roman de Malraux.*
2. **Stellung** f., **Position** f., **Rang** m. *La condition de noble a souvent été enviée.*
3. wie oben

---

konditionell ***ce qui concerne la forme physique*** *Les joueurs ont affirmé qu'ils étaient au meilleur de leur forme physique.*

conditionnel,le 1. **bedingt, an eine Bedingung gebunden** *Les deux groupes sont parvenus à un accord conditionnel pour résoudre leurs problèmes.*
2. **konditional** (SPRACHW.) *Ce texte devrait être écrit à la forme conditionnelle.*

Konferenz f. 1. ***la conférence*** *Une conférence au sommet réunit actuellement tous les chefs d'État européens.*
2. ***le conseil de classe*** (Lehrer~) *À la fin de chaque trimestre, il y a un conseil de classe.*

la conférence PFF 1. **Vortrag** m., **Referat** n., **Vorlesung** f. *Les conférences de ce professeur au Collège de France sont toujours très suivies.*
2. wie oben

---

konferieren ***conférer, s'entretenir*** (beraten, verhandeln) *Les deux chefs d'État ont longuement conféré.*

conférer PFF 1. **verleihen, erteilen** *L'âge confère parfois des privilèges.*
2. wie oben

Konfession f. ***la religion, la confession*** *Elle dit n'appartenir à aucune religion.*

la confession PFF 1. **Beichte** f., **Sündenbekenntnis** n. *Il est mort sans confession.*
2. **Bekenntnis** n., **Geständnis** n. *La confession de ses erreurs lui a permis de rester digne.*
3. wie oben

---

konfirmieren ***confirmer, donner/faire la confirmation*** (einsegnen) *Les enfants font leur confirmation à Pâques.*

confirmer PFF 1. **bestätigen, bekräftigen, bestärken** *Ton attitude me confirme dans ma résolution de partir d'ici.*
2. wie oben

---

konform 1. ***conforme*** (übereinstimmend, gleichgestimmt) *Vos options économiques ne sont pas conformes aux intérêts de notre pays.*
2. ***conforme*** (entsprechend, gemäß) *Cette pratique n'est pas conforme à la loi.*

conforme PFF 1. **konformistisch** (angepasst) *Les opinions non conformes ne sont pas toujours bien vues.*
2. wie oben

---

konfus ***confus,e*** (unklar, verwirrt, verworren) *La première phase du match était très confuse.*

confus,e PFF 1. **verlegen, betreten, beschämt, peinlich** *Je suis confus de ne pas vous avoir reconnu tout de suite.*
2. wie oben

Konfusion f. ***la confusion, le désordre*** (Verwirrung, Durcheinander) *La plus grande confusion règne actuellement dans le pays.*
la confusion PFF 1. **Verlegenheit** f., **Betretenheit** f. *Sa réflexion m'a remplie de confusion et m'a fait rougir de honte.*
2. **Verwechslung** f. *La confusion des noms est chose courante dans notre famille.*
3. wie oben

---

konkretisieren ***concrétiser*** (verdeutlichen, veranschaulichen) *J'aimerais que vous concrétisiez vos propositions.*
concrétiser PFF 1. **verwirklichen, erfüllen, einlösen** *Vous n'avez malheureusement pas concrétisé vos promesses.*
2. wie oben

Konkurrenz f. 1. ***la concurrence*** (Wettstreit) *La concurrence est rude sur le marché du travail. Les élèves de cette classe sont en concurrence permanente.*
2. ***le concurrent*** (wirtschaftlicher Konkurrent) *Mon plus grand concurrent vient de faire faillite.*
la concurrence PFF wie oben

---

konkurrieren ***être en concurrence, rivaliser avec qn*** *Nous ne sommes pas en mesure de rivaliser avec vous, vous êtes trop forts.*
concourir 1. **beitragen zu, mitwirken an** *Nous avons*

concouru à la restauration de ce bâtiment historique.
2. **am Wettbewerb teilnehmen** *Tous ces écrivains concourent pour les prix littéraires les plus prestigieux.*

Konkurs m. ***la faillite*** *De nombreuses entreprises font actuellement faillite.*

le concours 1. **Wettbewerb** m., **Prüfung** f. (Schule) *La préparation des concours d'entrée aux grandes écoles en France est très exigeante.*
2. **Unterstützung** f., **Mitwirkung** f., **Beitrag** m. *Je vous remercie d'avoir apporté votre concours à notre projet.*

---

konsequent 1. ***logique, conséquent,e*** (folgerichtig, schlüssig) *Ce jugement est juste et conséquent.*
2. ***ferme, résolu,e*** (beharrlich, unbeirrbar, entschlossen) *Ce pays se bat de manière résolue pour son entrée dans l'Union européenne.*

conséquent,e PFF 1. **bedeutend, wichtig** *Il a dépensé une somme conséquente pour acquérir cette maison.*
2. wie oben

---

konservativ ***conservateur,-trice*** *Ce militant fait partie de la mouvance conservatrice de son parti.*

conservatif Ø

---

konspirativ ***conspirateur,-trice*** *Les menées conspiratrices de certains leaders politiques ont été dénoncées par le ministre de l'Intérieur.*

conspiratif Ø

Konstitution f. 1. ***la constitution*** (körperliche Verfassung) *Sa mère est d'une constitution robuste.*

2. ***la constitution*** (staatliche Verfassung) *La majorité des électeurs a voté oui au référendum sur la nouvelle constitution.*

la constitution PFF 1. **Gründung** f., **Einsetzung** f., **Anlegen** n. *Il me manque des documents importants pour la constitution de votre dossier.*
2. **Zusammensetzung** f., **Struktur** f., **Gliederung** f. *La constitution de l'atmosphère de la Terre est au programme de mon prochain examen.*
3. wie oben

---

konstruieren 1. ***construire*** (TECHN., SPRACHW.) *Tu as mal construit ta phrase.*
2. ***construire, inventer, fabriquer*** (gedanklich erfinden, ausdenken, gestalten) *Son histoire est fabriquée de toutes pièces.*

construire PFF 1. **bauen, errichten** *Les immeubles construits aux XVIIe siècle ont de très hautes fenêtres.*
2. wie oben

---

konsumieren ***consommer*** *Tu ne devrais pas consommer autant de sucre.*

consumer **vernichten, verzehren, (ver)brennen** *Les flammes ont consumé la totalité de l'édifice.*

---

konventionell ***conventionnel,le*** *Le scénario du film était assez conventionnel.*

conventionnel,le PFF 1. **konventional..., vertraglich vereinbart** *Les clauses conventionnelles ont été modifiées.*
2. wie oben

---

konvertieren 1. ***convertir*** (umtauschen, umwandeln) (WIRTSCH., COMP.) *Certaines personnes continuent de convertir les euros en francs.*

2. ***se convertir*** (REL.) *Je ne souhaite pas me convertir à une autre religion.*

convertir PFF 1. **bekehren** (REL.), **zu einer Sinnesänderung bewegen** *Tu ne me convertiras jamais à ta façon de voir les choses.*
2. **ver-**, **umwandeln** *Cet appareil sert à convertir le sucre en alcool.*
3. wie oben

Konzept n. 1. ***le concept*** (Vorstellung, Begriff), ***l'idée*** f., ***le programme, le plan, le projet*** (~ für ein Vorhaben) *Son discours était rempli de concepts dénués de sens. Le chef du gouvernement soutient le plan d'économie solidaire.*
2. ***le brouillon*** (Rohfassung, Entwurf) *J'aimerais voir le brouillon de ta lettre avant le texte définitif.*

le concept PFF wie oben

Konzeption f. ***la conception*** (Planung, Gestaltung) *Je n'ai pas participé à la conception de ce projet.*

la conception PFF 1. **Anschauung** f., **Vorstellung** f., **Ansicht** f. *Nous n'avons pas du tout la même conception du travail.*
2. **Empfängnis** f. (BIOL.) *La conception de cet enfant remonte à trois mois.*
3. wie oben

---

kooperativ ***coopératif,-ive*** (zur Zusammenarbeit bereit) *Tu pourrais être un peu plus coopératif.*

coopératif,-ive PFF 1. **genossenschaftlich, Genossenschafts...** *Il achète son vin à la cave coopérative vinicole du village.*
2. wie oben

Kopie f. 1. ***la copie*** (Abschrift, Nachbildung, Foto~, Film~, Abklatsch) *Nous avons vu un chef d'œuvre du cinéma muet dans une copie restaurée. Cet acteur est une pâle copie de son modèle.*
2. ***l'épreuve*** f. (Fotoabzug) *Nous avons fait tirer trois épreuves de l'original.*

la copie PFF 1. **Blatt** n. (Papier) *Deux élèves ont rendu copie blanche à leur examen.*
2. wie oben

---

kopieren ***copier*** (foto~, Kopie erstellen) *Il va tous les jours au Louvre pour copier des tableaux de maîtres.*

copier PFF 1. **(unerlaubt) abschreiben** *Il est interdit de copier sur son voisin sous peine de recevoir un zéro sur vingt.*
2. wie oben

Korporation f. ***la corporation*** (Studentenverbindung) *Les corporations étudiantes ont toutes été interdites sous le régime nazi.*

la corporation PFF 1. **Berufsstand** m. *Il faut être inscrit dans une corporation nationale pour pouvoir exercer la fonction de journaliste.*
2. wie oben

Korps n. ***le corps*** (MILIT.) (diplomatisches ~) *Un membre du corps diplomatique en mission à l'étranger a été enlevé.*

le corps PFF 1. **Körper** m. *Il a fait don de son corps à la médecine.*
2. **Körperschaft** f., **Gremium** n., **Truppe** f. *Le corps enseignant de cette école est constitué d'une centaine de professeurs.*
3. **Haupt(bestand)teil** m. (eines Textes),

Haupttrakt m. (eines Gebäudes) *Mon bureau se trouve dans le corps de bâtiment principal.*
4. wie oben

---

korrekt ***correct,e*** (richtig, fehlerfrei) *Il a eu une conduite très correcte avec nous.*

correct,e PFF 1. **angemessen, annehmbar, passabel** (ugs.) *L'hôtel était correct mais sans plus.*
2. wie oben

Korrektur f. 1. ***la correction*** *La correction de ton texte m'a pris plusieurs heures.*
2. ***l'épreuve*** f. (~fahne) *Je dois relire les épreuves de mon roman.*

****correcture*** Ø

---

korrelieren ***être en corrélation avec qc*** *Vos résultats ne sont pas en corrélation avec votre travail.*

****correlir*** Ø

Korrespondent/in 1. ***le/la correspondant,e*** (~ einer Zeitung) *Le correspondant du «Monde» à Berlin est actuellement à Paris.*
2. ***le/la correspondancier,-cière*** (Handels~) *Elle est correspondancière dans une société de négoce.*

le correspondant PFF 1. **Briefpartner** m., **Brieffreund** m. *J'ai reçu une lettre de mon correspondant.*
2. **Teilnehmer** m., **Gesprächspartner** m. (am Telefon) *Mon correspondant a raccroché, il va rappeler.*
3. wie oben

Korrespondenz f. ***la correspondance*** *Nous entretenons une correspondance assidue depuis des années.*

la correspondance PFF 1. **Anschluss(zug)** m. *Mon train avait du retard et j'ai raté la correspondance.*
2. **Übereinstimmung** f., **Entsprechung** f. *Il n'y a aucune correspondance de sentiments entre nous.*
3. wie oben

---

korrupt ***corrompu,e*** *Le ministre a démissionné du gouvernement qu'il jugeait trop corrompu.*
****corrupt*** Ø

Kosmetik f. 1. ***les soins esthétiques*** m. Pl., ***les soins de beauté*** m. Pl. (Schönheitspflege) *L'esthéticienne propose des soins esthétiques à domicile.*
2. ***le produit de beauté, le cosmétique*** (Schönheitsprodukt) *Le marché des cosmétiques est en pleine expansion.*
le cosmétique PFF wie oben

Kosmetiker/in ***l'esthéticien,-cienne*** *La formation d'esthéticien s'acquiert par un apprentissage d'une durée de trois ans.*
le cosmétique wie oben

Kostüm n. 1. ***le tailleur*** *La femme du président portait un tailleur Chanel rose lors de l'assassinat de son mari.*
2. ***le costume*** (THEATER) *Le grand acteur de théâtre Gérard Philippe a été enterré dans son costume du Cid.*
le costume PFF 1. **(Herren-)Anzug** m. *Mon grand-père portait toujours un costume trois-pièces.*
2. **Tracht** f. *Les habitants du village font un spectacle de danse en costume folklorique.*

Koteletten f. Pl. ***les favoris*** m. Pl. *Cet homme avait un costume démodé et des favoris.*

la côtelette **Kotelett** n. *Ma côtelette d'agneau est cuite à point.*

Krabbe f. ***la crevette*** (Garnele) *Les chats ont apprécié les crevettes prévues pour notre dîner.*

le crabe **Krebs(tier)** m. *Pourquoi les crabes marchent-ils de travers?*

Kreation f. ***la création*** (Modeschöpfung) *Les dernières créations de ce célèbre couturier sont très innovatrices.*

la création PFF 1. **Schöpfung** f., **Erschaffung** f. (REL.) *La création du monde ne s'est pas faite en un jour.*
2. **Gründung** f., **Errichtung** f., **Schaffung** f. *La création de nouveaux emplois n'est pas pour tout de suite.*
3. **Schaffen** n., **Werk** n. (in der Kunst) *La création littéraire et artistique est en plein essor.*
4. wie oben

---

krepieren 1. ***éclater, exploser*** (Sprenggeschosse) *Une grenade a explosé non loin du groupe de passants.*
2. ***crever*** (sterben) (ugs.) *Ces gens ont laissé crever leur chien par manque de soins.*

crépir **verputzen** *Les murs de l'immeuble vont être crépis en blanc.*

---

kribbeln ***picoter, chatouiller, fourmiller*** *J'ai le nez qui me chatouille.*

cribler 1. **durchbohren, -löchern, -sieben** *Son corps a été retrouvé criblé de balles.*
2. **sieben** (durch ein Sieb schütten bzw. rühren) *Il faut laver les fruits avant de les cribler.*

---

kriminell ***criminel,le, meurtrier,-ière*** (ugs.) *L'usine a été détruite par un incendie criminel. Il a un style de conduite complètement meurtrier.*

criminel,le PFF 1. **Kriminal..., Straf...** *Il s'agit ici d'un acte criminel de première importance.*
2. wie oben

Krise f. ***la crise*** *La crise économique actuelle touche le monde entier.*

la crise PFF 1. **Anfall** m., **Zusammenbruch** m. (MED.) *C'est sa deuxième crise cardiaque en l'espace de deux mois.*
2. wie oben

---

kulant ***coulant,e, arrangeant,e, accommodant,e, avantageux,-euse*** (großzügig, entgegenkommend, nicht pingelig) *L'examinateur s'est montré très coulant dans sa notation. Le vendeur a été très accommodant.*

coulant,e PFF 1. **süffig** (Wein), **flüssig, weich** *Voilà un fromage coulant comme je les aime!*
2. wie oben

Kulanz f. ***la souplesse en affaires, la bonne volonté*** *Il faut savoir faire preuve de souplesse pour réussir.*

****coulance*** Ø

---

kulminieren ***atteindre son paroxysme*** (den Höhepunkt erreichen) (fig.) *L'enthousiasme a atteint son paroxysme au moment des applaudissements.*

culminer 1. **den höchsten Punkt haben, hoch sein** *Le Mont Blanc culmine à 4810 mètres.*
2. **die Höchstgrenze erreichen** *Les salaires de certains patrons culminent à des niveaux scandaleux.*

Kult m.	1. ***le culte*** (religiöse Verehrung) *Le culte des morts donne lieu à des festivités dans certaines cultures.* 2. ***le culte*** (Hochachtung, übertriebene Verehrung) *Le culte que tu voues à ce chanteur m'inquiète un peu.*
le culte PFF	1. **Religion** f., **Konfession** f. *L'usage de certains objets du culte catholique est tombé en désuétude.* 2. **Gottesdienst** m. (protestantisch) *Mes amis protestants vont au culte le dimanche.* 3. wie oben
kultivieren	***cultiver*** (pflegen, verfeinern) (fig.) *Il y a des gens qui cultivent leurs manies et leurs habitudes.*
cultiver PFF	1. **bebauen, bestellen, züchten** *Je cultive des roses dans mon jardin.* 2. wie oben
Kurier m.	***le coursier, le messager*** *Je vous ferai apporter les documents par un coursier.*
le courrier	1. **Post(sendung)** f. *L'usage du courrier électronique facilite beaucoup les échanges.* 2. **Rubrik** f. (in Zeitungen), **Zuschrift** f. *Ce qu'elle préfère dans les journaux, c'est le courrier des lecteurs et le courrier du cœur.*
kurieren	***guérir*** (heilen) *Les médecins sont parvenus à guérir son allergie.*
curer	**reinigen, säubern** *Je dois curer ma pipe avant de la fumer.*
courir	**rennen** *Ne cours pas si vite, je n'arrive pas à te suivre.*
kurios	***curieux, -euse, singulier, -ière*** *Il leur est arrivé une histoire très singulière.*

curieux,-euse	PFF 1. **neugierig** *Nos voisins sont trop curieux, ils nous épient en permanence.* 2. **wissbegierig, interessiert** *Cet homme a gardé son esprit curieux toute sa vie.* 3. wie oben
Kurs m.	1. ***la route*** (Luft~), ***le cap*** (See~) *Nous faisons route vers les Antilles.* 2. ***le cours*** (Lehrgang) *Je suis un cours d'arabe depuis peu de temps.* 3. ***le cours*** (Börse) *Le cours de la bourse est en hausse.*
le cours PFF	1. **Lehrbuch** n. *Je cherche mon cours de physique.* 2. **Lauf** m., **Strömung** f. *La Loire est le fleuve français dont le cours est le plus long. Cette rivière a un cours rapide.* 3. **Gang** m., **(Ver-)Lauf** m. (fig.) *Il n'est pas possible de changer le cours des événements.* 4. wie oben
la course	1. **Laufen** n. *Tu m'as interrompu en pleine course.* 2. **Wettlauf** m. *Les grandes puissances se sont lancées dans une course aux armements sans fin.* 3. **(Taxi-)Fahrt** f. *Combien t'a coûté ta course en taxi?*
kursiv	***(en) italique*** (Kursiv-, Schrägdruck, -schrift) *N'oubliez pas d'expliquer les mots en italique.*
cursif,-ive	1. **kursiv, schräg** (Schreibschrift) *Le manuscrit est rédigé en écriture cursive.* 2. **flüchtig, kursorisch** *Il n'est pas nécessaire d'étudier le texte de près. Une lecture cursive suffira.*

Kuvert n.	***l'enveloppe*** f. (Briefumschlag) *Vous n'avez pas écrit votre nom sur l'enveloppe.*
le couvert	**Besteck** n. *Il a eu des couverts en argent pour sa naissance.*

L

labil	***instable, inconstant,e, fragile*** (Person, Charakter, Gleichgewicht), ***précaire*** (Frieden, Gesundheitszustand) *C'est une personne d'un équilibre très fragile.*
labile	**schwach** (sehr selten im Frz.) *Elle a une mémoire labile.*
laborieren	***souffrir de qc, traîner qc*** (von etwas [einer Krankheit/Verletzung] geplagt sein) *L'attaquant de l'équipe de France souffre d'une déchirure musculaire.*
labourer	1. **(um)pflügen, auf-, umwühlen** *Les paysans labourent les champs.* 2. **zerkratzen** *Le chat m'a labouré le visage de coups de griffes.*
lackieren	***laquer*** (mit Lackfarbe streichen), ***vernir*** (firnissieren, Fingernägel ~) *Il a laqué le parquet. Elle a verni ses ongles en bleu-blanc-rouge.*
laquer PFF	wie oben
lancieren	***lancer*** (Produkt/Künstler bekannt machen, Information verbreiten) *L'exemple classique de la désinformation consiste à lancer des rumeurs infondées.*
lancer PFF	1. **werfen, schleudern, abschießen, zuschlagen** *Les enfants ont lancé des boules de neige sur les passants.* 2. **entgegenschleudern, ausstoßen** (Schrei) *L'automobiliste m'a lancé des insultes.* 3. wie oben

---

larmoyant ***larmoyant,e*** (sentimental-weinerlich) *Le ton larmoyant de cet article est désagréable.*

larmoyant,e PFF 1. **tränend** *A cause de son allergie, elle a souvent les yeux larmoyants.*
2. wie oben

Laterne f. 1. ***la lanterne*** (Hand~) *Les lanternes en papier de couleur diffusent une belle lumière.*
2. ***le réverbère*** (Straßen~) *Allumeur de réverbères est une profession qui a aujourd'hui disparu.*

la lanterne PFF wie oben

Lazarett n. ***l'hôpital militaire*** m. *Le Val-de-Grâce est un hôpital militaire très renommé à Paris.*

le lazaret **Quarantänestation** f. *Dès leur descente du bateau, tous les passagers on été admis au lazaret.*

---

leger ***naturel,le, décontracté,e, désinvolte*** (lässig, zwanglos, bequem) *Mettez-vous en tenue décontractée pour la promenade.*

léger,-ère 1. **leicht** (Gewicht) *Ces valises ne sont pas légères.*
2. **dünn, leise, schwach, fein** *Un bruit léger m'a réveillé.*
3. **leichtfertig, leichtsinnig** (Person), **locker, lose** (Sitten), **gewagt** (Geschichte) *Je trouve votre comportement quelque peu léger.*

Lektor/in ***le/la lecteur,-trice*** (Verlag, Universität) *Avant d'être romancière, elle était lectrice dans une maison d'édition.*

le/la lecteur,-trice PFF 1. **Leser/in** *Mon fils est un lecteur assidu de bandes dessinées.*

2. **Vorleser/in** *Comme elle est aveugle, la jeune femme fait appel à un lecteur.*
3. wie oben

Lexikon n. 1. ***le dictionnaire encyclopédique, l'encyclopédie*** f. *L'encyclopédie des sciences et des arts est une mine d'or.*
2. ***le dictionnaire*** (ugs.) *Je ne trouve pas le mot que je cherche dans ce dictionnaire.*

le lexique 1. **Lexik** f. (Wortschatz) (SPRACHW.) *Cet homme politique dispose d'un lexique assez réduit.*
2. **Speziallexikon** n. *Je possède un lexique des mots d'origine étrangère.*
3. **Glossar** n. *Le lexique se trouve en fin de livre.*

Liaison f. 1. ***la liaison*** (Liebschaft, Liebesverhältnis) *La liaison du ministre et de la star du cinéma fait la une des journaux.*
2. ***la liaison*** (Verbinden/Binden von Silben bzw. zweier Wörter) (SPRACHW.) *N'oubliez pas de faire les liaisons dans votre récitation.*

la liaison PFF 1. **Kontakt** m., **Verbindung** f. *Pendant la deuxième guerre mondiale, les résistants agissaient en liaison avec Londres.*
2. **Zusammenhang** m. *Quelle liaison établissez-vous entre ces deux événements?*
3. **Verbindung** f. (Flug-, Bahn-, Schiffs-, Post-, Funk-, Straßen-, Telefonverbindung) *La liaison téléphonique a été coupée.*
4. wie oben

Liga f. 1. ***la ligue*** (Bund, Bündnis) *La ligue est une union formée entre plusieurs princes pour défendre leurs intérêts.*

	2. ***la division*** (SPORT) *Ce footballeur rêve de jouer en première division.*
la ligue PFF	wie oben

(sich) liieren	***nouer/avoir une liaison*** (ein Liebesverhältnis eingehen/haben) *Il a une liaison avec une femme mariée.*
(se) lier	1. **sich (vertraglich) binden** *Ils se sont liés par un contrat très contraignant.* 2. **sich anfreunden** *Ils se sont très vite liés.*

Liquidität f.	***les liquidités*** f. Pl., ***les disponibilités*** f. Pl. (WIRTSCH.) *Je ne dispose pas de liquidités suffisantes actuellement.*
la liquidité PFF	1. **Flüssigkeit** f., **Flüssigkeitszustand** m. *La liquidité du mercure disparaît à une très basse température.* 2. wie oben

Lizenz f.	***la licence*** (RECHTSSPR., WIRTSCH., SPORT) *Les cafés doivent avoir une licence de débit de boissons.*
la licence PFF	1. **Staatsexamen** n. (akademischer Grad nach dreijährigem Studium) *Ma sœur a fait une licence d'histoire à la faculté de Toulouse.* 2. **Freiheit** f. *Vous avez toute licence de visiter la ville.* 3. **Zügellosigkeit** f., **Ausschweifung** f. *La licence des mœurs a toujours été décriée.* 4. wie oben

Lokal n.	***le café, le bistro(t), le restaurant*** *Ce café est l'un des plus fréquentés de la ville.*
le local	1. **Raum** m., **Lokalität** f., **Räumlichkeiten** f. Pl. *Je suis à la recherche de locaux commerciaux dans le centre ville.*

luxuriös ***luxueux,-euse, de luxe, somptueux,-euse*** (voller Luxus, verschwenderisch) *Ne penses-tu pas que ce sont des désirs de luxe?*

luxurieux,-euse **wolllüstig, lüstern, unkeusch** *Ces contes luxurieux sont destinés à des lecteurs adultes.*

Lyrik f. ***la poésie, le lyrisme, le genre lyrique*** *Le mot lyrisme confère à la poésie un rapport avec le chant et la musique.*

lyrique (Adj.) 1. **lyrisch** (LITERATURW.) *Lamartine est un poète lyrique du 19e siècle.*
2. **gefühlvoll, lyrisch** *Quand il parle d'amour, il devient lyrique.*
3. **Gesangs…** *C'est un artiste lyrique de grand talent.*

M

Magazin n. 1. ***l'entrepôt*** m., ***le dépôt*** (Lagerhaus, Warenlager) *L'origine de l'incendie de l'entrepôt de meubles n'a pas été élucidée.*
2. ***le magazine*** (Zeitschrift, TV, RADIO) *Je suis abonnée à un magazine littéraire.*
3. ***le magasin*** (~ einer Waffe) *Le magasin de l'arme est approvisionné en cartouches.*

le magazine PFF wie oben

Magistrat m. ***la municipalité, les autorités municipales*** f. Pl. *La municipalité a donné son accord pour la construction d'une tour.*

le magistrat 1. **hoher Beamter** m. *Le président de la République est le premier magistrat de France.*
2. **Richter** m., **Staatsanwalt** m. *Les magistrats rendent la justice au nom de l'État.*

Maisonnette f. ***le duplex*** *Nous avons visité un duplex très spacieux non loin de la Tour Eiffel.*

la maisonnette **Häuschen** n. *Ils vivent dans une humble maisonnette à la lisière de la forêt.*

---

malad(e) ***patraque, mal fichu,e, souffrant,e*** (sich unwohl fühlend) (ugs.) *Je me sens un peu patraque aujourd'hui.*

malade 1. **krank** *La jalousie le rend malade.*
2. **beschädigt, ramponiert, in kritischer Lage, angeschlagen** (Firma) *Cette entreprise est malade, il n'y a plus rien à faire pour la sauver.*

Malheur n. ***la mésaventure, le petit malheur, la déconvenue*** (Missgeschick) *Après leur déconvenue* *de la semaine dernière, les joueurs ont à cœur de prendre leur revanche.*

le malheur **Unglück** m. *Le proverbe dit que le malheur des uns fait le bonheur des autres.*

Mami f. ***la maman*** *Le petit enfant court vers sa maman.*

la mamie **Oma** f., **Omi** f. *Je sors ce soir, mais ta mamie va venir te garder.*

Manipulation f. ***la manipulation*** *Le parti d'opposition proteste contre des manipulations dans les dernières élections présidentielles.*

la manipulation PFF 1. **Umgang** m., **Hantieren** n., **Handhabung** f., **Betätigung** f. *La manipulation des explosifs est dangereuse.*
2. wie oben

Marke f. 1. ***le timbre*** (Brief~), ***le jeton*** (Spiel~, Garderoben~), ***le ticket*** (Essens~) *J'ai perdu le jeton qui m'avait été donné au vestiaire en échange de mon manteau.*
2. ***la marque*** (Produkt~) *Je ne connais pas cette marque de cigarettes.*

la marque PFF 1. **Markierung** f., **Kennzeichen** n., **Merkzeichen** n. *J'ai mis des marques dans mon livre pour retrouver les pages qui m'intéressent.*
2. **Spur** f., **Abdruck** m. *Le mur est couvert de marques de doigts.*
3. **Zeichen** n., **Beweis** m. *Sa venue est une belle marque d'amitié.*
4. wie oben

Marmelade f. ***la confiture*** *Pour faire de la confiture de fraises, il faut un kilo de fruits pour un kilo de sucre.*

la marmelade **Kompott** n., **Mus** n. *J'aime beaucoup les beignets à la marmelade de pommes.*

---

maschinell ***mécanique, automatique, à la machine*** *Le vin est mis en bouteilles mécaniquement. Ce nouveau logiciel permet le traitement automatique de textes anciens. Ce produit est fabriqué à la machine.*

machinal,e **mechanisch, gewohnheitsmäßig, unwillkürlich** *Se laver les mains avant de manger devrait être un geste machinal.*

Material n. 1. ***la matière*** (Stoff), ***le matériau*** (Werkstoff), ***les fournitures*** f. Pl. (Büro~) *Les enquêteurs ont découvert des matières inflammables dans ses bagages.*
2. ***le matériel, l'équipement*** m., ***l'outillage*** m. (Ausrüstung) *Ton matériel n'est pas des plus modernes.*
3. ***le matériel, les matériaux*** m. Pl. (TECHN.) (Belege, Unterlagen, Beweismaterial) *Les matériaux sonores analysés ont démontré sa culpabilité.*

le matériel PFF 1. **Hardware** f. *Chaque bureau est équipé de matériel informatique.*
2. wie oben

Matinée f. ***la séance théâtrale/musicale/littéraire qui a lieu dans la matinée, la séance matinale*** (am Vormittag stattfindende Aufführung) *Nous avons reçu une invitation à une séance musicale matinale dimanche prochain.*

la matinée 1. **Vormittag** m., **Morgen** m. *Je te rendrai visite demain dans la matinée.*
2. **Nachmittagsveranstaltung** f., **Frühvorstellung** f. *La représentation a lieu tous les jours sauf le lundi en matinée.*

---

maximal 1. ***maximum*** (sehr groß, Höchst...) *Le poids maximum autorisé est de 100 kilos.*
2. ***maximal,e*** (höchste/r/s) (TECHN., METEO.) *En été les températures maximales ne dépassent pas les 30 degrés dans cette région.*
3. ***très grand,e, très gros, grosse*** *L'arrivée des stars a provoqué une très grande excitation.*

maximal,e PFF wie oben

Menü n. ***le menu*** (COMP.) (Speisenfolge) *Aujourd'hui, nous avons trois menus au choix.*

le menu PFF 1. **Speisekarte** f. *Qu'avez-vous de bon au menu aujourd'hui?*
2. wie oben

Messe f. 1. ***la messe*** (MUSIK) (katholische ~) *Nous allons à la messe tous les dimanches.*
2. ***la foire, le salon*** (Ausstellung) *Le salon du livre de Francfort est un événement très important.*

la messe PFF wie oben

Miene f. ***la mine, l'air*** m., ***le visage*** (Gesichtsausdruck) *Tu as vraiment un air très sévère.*

la mine PFF 1. **Aussehen** n. *Il ne faut pas juger les gens sur leur mine.*
2. **Bergwerk** n., **Grube** f. *Toutes les mines de charbon du Nord ont été fermées.*
3. **Mine** f. (MILIT.) *Il a marché sur une mine.*
4. wie oben

Militär n. **l'armée** f. *Il est entré dans l'armée à l'âge de dix-huit ans.*

le/la militaire **Soldat/in**, **Militärperson** f. *En France, il n'y a plus que des militaires de carrière.*

minimal	***minime*** (äußerst geringfügig, sehr klein) *Ses chances de réussite au concours sont minimes.*
minimal,e	**kleinste/r/s, niedrigste/r/s, tiefste/r/s** *La température minimale est la plus basse observée au cours d'une journée.*
minimieren	***diminuer, réduire*** (vermindern, verringern) *Ce nouveau textile permet de réduire la résistance de frottement dans l'eau.*
minimiser	**bagatellisieren, verharmlosen** *Ils cherchent à minimiser l'importance de leur défaite.*
Minus n.	1. ***le déficit*** (WIRTSCH.) *Les économistes ont revu le déficit à la hausse.* 2. ***le moins*** (~zeichen) *N'oubliez pas les moins et les plus en recopiant vos équations.*
le minus	**Versager** m., **Null** f., **Niete** f. (ugs.) *Le petit garçon pleure car il a été traité de minus par de plus grands que lui.*
miserabel	1. ***piètre*** (sehr schlecht, armselig), ***lamentable, minable*** (ugs.), ***exécrable*** (scheußlich) *Le film que nous avons vu était lamentable.* 2. ***infâme*** (gemein) *Ce type est vraiment infâme.*
misérable	1. **sehr arm, ärmlich, elend** *Cette famille vivait dans des conditions misérables et nous ne le savions pas.* 2. **beklagens-, bedauerns-, bejammernswert** *Cette femme a eu une fin de vie misérable.*
moderat	***modéré,e*** *Les propos tenus par le chef du gouvernement étaient cette fois-ci très modérés.*
****moderat***	Ø

Moderation f. ***la présentation*** *La présentation du journal télévisé du soir a été assurée par le même journaliste pendant des décennies.*

la modération **Mäßigung** f., **Maßhalten** n., **Zurückhaltung** f. *Je vous recommande de faire preuve de modération dans votre conduite.*

Moderator/in ***le/la présentateur,-trice, l'animateur*** m., ***l'animatrice*** f. (in einer Spielshow) *Le choix de l'animateur de la nouvelle émission politique a fait l'unanimité.*

modérateur,-trice (Adj.) **vermittelnd, ausgleichend, mäßigend** *Cette personne est l'élément modérateur de son groupe.*

---

moderieren ***présenter, diriger*** (Diskussion leiten) *Le journaliste qui devait diriger le débat a annulé sa participation au dernier moment.*

modérer **mäßigen, zurückschrauben, dämpfen, zügeln** *Tentez donc de modérer vos ardeurs.*

---

modisch ***à la mode, dans le vent*** *Ta coupe de cheveux est tout à fait dans le vent.*

modique **gering, niedrig** (Preis, Summe) *J'ai acheté cette antiquité pour un prix très modique.*

---

mokant ***moqueur,-euse, railleur,-euse*** *Ton attitude moqueuse m'agace de plus en plus.*

**moquant* (Adj.) Ø

---

momentan 1. ***actuel,le, présent,e*** (gegenwärtig) *La situation actuelle est très préoccupante.*
2. ***momentané,e*** (vorübergehend) *Nous vous prions de nous excuser pour l'interruption momentanée de l'image.*

momentané,e PFF wie oben

Moral f. 1. ***la morale, la moralité*** (Sittenlehre), ***les bonnes mœurs*** f. Pl. (Sittlichkeit, gute Sitten) *La morale est un ensemble de règles qui fonctionnent comme normes dans une société. Ce comportement est réprouvé par la moralité publique.*
2. ***le moral*** (seelische Kraft/Verfassung) *Il n'a pas le moral en ce moment.*

la morale PFF wie oben
le moral PFF wie oben

muskulös 1. ***musclé,e, avoir des muscles, fort,e*** *Cet homme est très grand et très musclé.*
2. ***musculeux,-euse*** (mit Muskeln versehen) (MED.) *Le médecin a examiné la partie musculeuse du corps.*

musculeux,-euse PFF wie oben

N

---

narkotisieren ***anesthésier*** *Le patient a demandé à être anesthésié car il craignait la douleur.*

****narcotiser*** Ø

---

nebulös ***nébuleux,-euse, flou,e*** (verschwommen, unklar) *Il a tenu des propos nébuleux.*

nébuleux,-euse PFF 1. **bewölkt, nebelig** *L'horizon nébuleux empêche d'apercevoir les montagnes.*
2. wie oben

---

nerven ***énerver, agacer*** *Arrête-donc de remuer dans tous les sens, tu m'agaces!*

****nerver*** Ø

---

nett 1. ***gentil,-ille*** *Il n'a pas été très gentil avec nous.*
2. ***sympathique, charmant,e, agréable*** (angenehm) *Nous avons passé une soirée très agréable.*
3. ***considérable, coquet,te, beau, bel, belle*** (beträchtlich) *La réparation de ma voiture m'a coûté une belle somme.*

net,te 1. **sauber, rein, ordentlich** *J'ai l'impression que tu n'as pas la conscience très nette.*
2. **klar, deutlich, scharf** (FOTOGR.) *J'attends de votre part une réponse nette et précise.*
3. **Netto...** *Le bénéfice net de l'entreprise est très en baisse.*

---

neutral 1. ***neutre*** (unparteiisch) *Je ne te donnerai pas mon avis, je préfère rester neutre.*
2. ***neutre*** (CHEMIE, TECHN., POLITIK) *Les négociations de paix se déroulent en terrain neutre.*

3. ***neutre*** (sächlich) (SPRACHW.) *Est-ce que ce mot est masculin, féminin ou neutre?*

neutre PFF 1. **geschlechtslos** (BIOL.) *Les abeilles neutres ont pour fonction de protéger la communauté.*
2. wie oben

Niveau n. ***le niveau*** (geistiger Rang) *Les films présentés au festival sont d'un bon niveau.*

le niveau PFF 1. **Höhe** f., **Stand** m. *Le niveau des eaux de la Seine est inquiétant.*
2. **Etage** f., **Stockwerk** n. *Cette tour comprend dix niveaux de bureaux et dix niveaux consacrés aux habitations.*
3. wie oben

---

nobel 1. ***noble*** (edel, vornehm) *En le défendant, tu as accompli un geste très noble.*
2. ***de luxe, élégant,e, chic*** (elegant) *Elle ne connaît rien d'autre que les quartiers chics de Paris.*
3. ***généreux,-euse*** (großzügig) *Le portier a reçu un pourboire généreux.*

noble PFF 1. **adelig** *Nous descendons d'une vieille famille noble.*
2. wie oben

Nonne f. 1. ***la religieuse, la sœur*** (REL.) *Les religieuses de mon école ne portent plus le voile.*
2. ***la nonne*** (BIOL.) *La nonne est un papillon nocturne.*

la nonne PFF wie oben

---

nostalgisch 1. ***nostalgique*** *Je suis envahie de pensées nostalgiques à la vue de ces photos.*
2. ***rétro*** (Stil der 1920er bis 1970er Jahre) *J'ai un faible pour la mode rétro.*

nostalgique PFF 1. **schwermütig, traurig** *Cette chanson nostalgique me fait pleurer.*
2. wie oben

Note f. 1. ***la note*** (MUSIK) (Leistungs~, diplomatische ~) *Tes notes ne sont pas très brillantes ce trimestre.*
2. ***le billet*** (***de banque***) (Bank~) *Je n'ai que des billets, il me faut un peu de monnaie.*

la note PFF 1. **Notiz** f., **Vermerk** m., **Anmerkung** f. *J'ai pris des notes pendant la conférence.*
2. **Ton** m. (Sprechweise) *Il y avait un peu trop de fausses notes dans ton interprétation de ce morceau.*
3. **Rechnung** f. *Quand j'ai reçu la note, j'ai cru que j'allais m'évanouir!*
4. wie oben

---

notieren 1. ***noter, marquer, prendre note de*** (aufschreiben) *Avez-vous bien noté les consignes?*
2. ***inscrire*** (Handel), ***coter*** (Börse) *Le dollar cotait ce matin 1,33 pour 1 euro.*

noter PFF 1. **bemerken, feststellen** *Il est à noter que tu t'es bien comporté aujourd'hui.*
2. **benoten, beurteilen** *L'employé a été mal noté et considère que c'est injuste.*
3. wie oben

---

notorisch ***notoire*** (allbekannt) (neg.) *C'est un criminel notoire.*

notoire PFF 1. **offenkundig** *Voilà une preuve notoire et convaincante!*
2. wie oben

Novelle f. 1. ***la nouvelle*** f. (Erzählung) *Les nouvelles de Maupassant sont des chefs-d'œuvre.*
2. ***la loi dérogatoire, l'amendement*** m. (er-

gänzendes Gesetz) *Une partie des amendements présentés par l'opposition ont été rejetés.*

la nouvelle PFF 1. **Nachricht** f., **Meldung** f. (PRESSE, RADIO, TV), **Neuigkeit** f. *Les nouvelles du jour ne sont pas très bonnes. Donnez-moi de vos nouvelles!*
2. wie oben

Nuance f. 1. ***la nuance*** (feiner Unterschied) *Toutes les nuances de bleu sont présentes dans ce tableau.*
2. ***le soupçon*** (Quäntchen, Spur) *Ce vin est un soupçon trop alcoolisé.*

la nuance PFF wie oben

---

nummerieren **numéroter** *Tous les paragraphes doivent être numérotés.*

numériser PFF **digitalisieren** *Il n'est pas nécessaire de disposer d'un scanner pour numériser un texte.*

O

Objektiv n.	***l'objectif*** m. (FOTOGR.) *L'objectif de son appareil photo était braqué sur moi.*
l'objectif m. PFF	1. **Ziel** n. *Je vais tout mettre en œuvre pour atteindre mon objectif.* 2. wie oben
observieren	***surveiller*** (polizeilich überwachen) *Le bâtiment est surveillé jour et nuit par la police.*
observer PFF	1. **beobachten** *J'observe ce que tu es en train de faire.* 2. **bemerken, feststellen** *Je n'ai jamais observé la moindre trace de jalousie chez lui.* 3. **einhalten, befolgen** *Je vous prie de bien vouloir observer le règlement.*
Ökonom/in	***l'économiste*** m./f. *Les économistes annoncent une sortie prochaine de la crise.*
l'économe m./f.	**Verwalter/in, Wirtschaftsdirektor/in** *L'économe du lycée est surchargé de travail.*
Operation f.	***l'opération*** f. *La date de votre opération chirurgicale est fixée à lundi prochain.*
l'opération f. PFF	1. **Geschäft** n., **Abschluss** m. *Nous avons réalisé une bonne opération en achetant cet appartement.* 2. wie oben
oral	***oral,e*** (ANAT., MED.) *Ce médicament est à prendre par voie orale.*
oral,e PFF	1. **mündlich** (Prüfung, Tradition) *J'ai une épreuve orale d'anglais demain.* 2. wie oben

---

ordinär — ***vulgaire*** *Je n'aime pas ses plaisanteries vulgaires.*

ordinaire — 1. **üblich, gewohnt, gewöhnlich** *C'est vraiment une histoire peu ordinaire.*
2. **normal, alltäglich, einfach** *J'étais un enfant très ordinaire.*

---

original — ***original,e, d'origine*** (ursprünglich, Original…) *Je voudrais lire le texte original. J'ai laissé le cadeau dans son emballage d'origine.*

original,e PFF — 1. **originell, neuartig** *C'est une idée très originale, je n'y aurais jamais pensé.*
2. wie oben

Orthografie f. — ***l'orthographe*** f. (Rechtschreibung) *L'orthographe actuelle est plus simple qu'autrefois.*

l'orthographe f. PFF — 1. **Schreibweise** f., **Schreibung** f. *Je ne connais pas l'orthographe de ce mot.*
2. wie oben

---

ostentativ — ***ostensible, ostentatoire*** (betont, augenfällig, überdeutlich) *En France, les signes religieux ostensibles ne sont pas admis dans les écoles.*

****ostentatif*** — Ø

P

Paket n. 1. ***le colis, le paquet*** *J'attends un colis postal.*
2. ***l'ensemble*** m., ***le train (de mesures)*** (Gesamtheit von Dingen) *Un train de mesures sur l'énergie a été présenté par la Commission européenne.*

le paquet PFF 1. **Schachtel** f., **Packung** f. *J'ai acheté un paquet de cigarettes et un paquet de café.*
2. wie oben

Pariser m. 1. ***le Parisien*** *Beaucoup de Parisiens sont originaires de province.*
2. ***le préservatif, la capote (anglaise)*** (Kondom) *Le distributeur de préservatifs est au sous-sol.*

le Parisien PFF wie oben

Parkett n. 1. ***le parquet*** (~boden) *Je dois faire cirer mon parquet.*
2. ***l'orchestre*** m. (KINO, THEATER), ***le parterre*** (THEATER) *J'ai trouvé deux bonnes places à l'orchestre.*

le parquet PFF 1. **Staatsanwaltschaft** f. *Nous attendons le réquisitoire définitif du parquet.*
2. wie oben

Parole f. ***le slogan, la devise*** *Les manifestants scandaient des slogans hostiles au président.*

la parole 1. **Wort** n. *Il n'a pas dit une parole de la soirée.*
2. **Text** m. (Pl. im Frz.) *Je sais les paroles de cette chanson par cœur.*
3. **Sprache** f. (Sprechfähigkeit) *Cet enfant a des troubles de la parole.*

Part m. — ***le rôle*** (Rolle) *Dans cette affaire, notre rôle n'était pas facile.*

la part — **Teil** m./n., **Stück** n., **Anteil** m. *Je voudrais une part de gâteau.*

Parterre n. — ***le rez-de-chaussée*** (Erdgeschoss) *J'habite au rez-de-chaussée.*

le parterre — **Parkett** n. (THEATER) *Les places de parterre sont trop chères pour moi.*

Partie f. — 1. ***la partie*** (MUSIK, SPORT) *Je vais faire une partie de tennis.*
2. ***la partie*** (mit von der ~ sein) *Vous serez de la partie?*

la partie PFF — 1. **Teil** m. (von einem Ganzen) *Je ne vois qu'une partie de son visage.*
2. **Fach(gebiet)** n., **Branche** f. *Il connaît bien sa partie.*
3. s.o

Partisan/in — ***le/la partisan, -ane*** *C'est une guerre de partisans.*

le/la partisan, -ane PFF — 1. **Anhänger/in**, **Parteigänger/in**, **Verfechter/in** *Les partisans de la réforme des retraites sont nombreux.*
2. wie oben

---

partout — ***à tout prix, absolument*** (ugs.) *Ils veulent à tout prix partir pour le Canada.*

partout — 1. **überall** *J'ai mal partout.*
2. **unentschieden** (Fuß-, Handball etc.), **beide** (Tennis) *Le résultat du match est: deux partout.*

---

passieren — 1. ***arriver, se passer*** (geschehen) *Ce sont des choses qui arrivent chaque jour.*
2. ***passer*** (überschreiten, hindurchfahren) *Nous venons de passer la frontière.*

passer PFF 1. **verbringen, verleben** *Nous allons passer nos vacances en France.*
2. **machen, ablegen** (Prüfung) *Je suis en train de passer des examens.*
3. **vorbeikommen, -gehen, -fahren** *Les manifestants nous empêchent de passer.*
4. wie oben

Patent n. ***le brevet*** *Nous avons déposé un brevet d'invention.*

la patente **Gewerbesteuer** f. (veraltet im Frz.) *La patente est un impôt ancien.*

---

pathetisch ***emphatique, pompeux,-euse, grandiloquent,e*** (hochtrabend, übertrieben) *Il a tendance à faire des discours grandiloquents.*

pathétique **bewegend, ergreifend, leidenschaftlich** *Leurs adieux étaient pathétiques.*

Patron/in ***le/la patron,-onne*** (Schutzheilige/r, Schutzherr) *Sainte Geneviève est la patronne de Paris.*

le/la patron,-onne PFF 1. **Wirt/in** (Restaurant) *La patronne sert les clients.*
2. **Chef/in, Chefarzt/-ärztin** *C'est le patron de l'industrie pharmaceutique. Il a été nommé patron du service de natalité.*
3. wie oben

Pause f. 1. ***la pause*** (Erholungs~, Sprech~) *J'ai assez travaillé, j'ai besoin de faire une pause.*
2. ***la récréation*** (große ~ in der Schule), ***l'interclasse*** m. (kleine ~ in der Schule) *Les enfants sont en récréation.*
3. ***l'entracte*** m. (THEATER) *La pièce se joue sans entracte.*

la pause PFF wie oben

pazifisch — ***du Pacifique, Pacifique*** (zum Pazifik gehörend) *La plage est au bord de l'océan Pacifique.*

pacifique PFF 1. **friedlich, friedfertig** *Je ne sais pas si leurs intentions sont pacifiques.*
2. wie oben

---

penetrant — 1. ***pénétrant,e*** (unangenehm durchdringend) *Ce parfum a une odeur pénétrante que je n'aime pas du tout.*
2. ***importun,e, indiscret,-ète, gênant,e, perçant,e*** (lästig, aufdringlich) *Je ne voudrais pas être importun. Il m'a posé une question gênante.*

pénétrant,e PFF 1. **durchdringend, scharf** (Blick, Wind) **schneidend** (Kälte) *L'air est vif et pénétrant.*
2. **scharfsinnig, tiefsinnig** *Vos remarques sur le sujet sont pénétrantes.*
3. wie oben

---

penibel — ***méticuleux,-euse, pinailleur,-euse*** (peinlich genau) *Il est vraiment trop pinailleur.*

pénible 1. **mühselig, anstrengend** *Il fait un travail pénible qui le fatigue beaucoup.*
2. **schmerzlich, traurig** (Nachricht), **misslich, schmerzhaft** (Krankheit) *La situation que nous vivons actuellement est très pénible.*
3. **schwierig** (Charakter, Person) *C'est un enfant extrêmement pénible.*

Pension f. — 1. ***la retraite*** (Ruhestand) *Il va prendre sa retraite à 65 ans.*
2. ***la pension (de retraite)*** (Ruhegehalt) *Sa pension de retraite ne lui permet pas de vivre.*
3. ***la pension (de famille)*** (Gästehaus) *Je trouve les pensions de famille plus conviviales que les hôtels.*

la pension PFF 1. **Internat** n. *Ma sœur a gardé un bon souvenir de ses années de pension.*
2. wie oben

Pensionär/in ***le/la retraité,e*** *Les retraités de mon quartier sont très engagés dans la vie sociale.*
le/la pensionnaire **Internatschüler/in** *Certains pensionnaires passent le week-end à l'internat.*

Pharmazie f. ***la pharmacie*** *Les étudiants en pharmacie sont en train de passer leur concours de première année.*
la pharmacie PFF 1. **Apotheke** f. *Es-tu allé chercher les médicaments à la pharmacie?*
2. wie oben

---

pikant 1. ***piquant,e, très épicé,e*** (scharf gewürzt) *J'aime beaucoup la sauce piquante.*
2. ***salé,e, grivois,e, osé,e*** (frivol) *Ses propos salés m'ont fait rougir.*
piquant,e PFF 1. **stachelig** *Le houx a des feuilles piquantes.*
2. wie oben

---

pieken ***piquer*** (stechen) *Attention, ça pique!*
piquer PFF 1. **klauen** (ugs.) *On m'a piqué mon vélo.*
2. wie oben

---

pikiert ***vexé,e*** (ein wenig beleidigt, verärgert) *Il a été très vexé par ta réflexion.*
piqué,e **(stock)fleckig** *Les livres sont piqués de moisissure.*

Pinzette f. ***la pince*** *Où est ma pince à épiler?*
les pincettes f. Pl. **Feuerzange** f. *Ces pincettes sont très légères.*

Piste f. — ***la piste*** (Ski~, Flughafen~) *Ils ont descendu la piste en luge.*

la piste PFF — 1. **Spur** f., **Fährte** f. *Nous avons vu la piste des troupeaux depuis l'avion.*
2. **Manege** f. *Les éléphants sont sur la piste.*
3. wie oben

Plakat n. — ***l'affiche*** f. *Je collectionne les affiches de films.*

le placard — **Wandschrank** m. *J'ai vidé le placard pour te faire de la place.*

---

plakativ — ***accrocheur,-euse, frappant,e*** (auffallend, einprägsam) *Les titres de ce journal sont souvent accrocheurs.*

****placatif*** — Ø

---

planen — 1. ***faire des projets, projeter*** *Nous projetons un voyage en Asie.*
2. ***prévoir*** (vorsehen) *Le gouvernement prévoit des mesures draconiennes.*

planer — 1. **schweben** *Nous planons au-dessus de la Méditerranée.*
2. **träumen, in höheren Regionen schweben** *Tu es toujours en train de planer.*

Plus n. — 1. ***l'avantage*** m., ***le plus*** (Vorteil) *Parler plusieurs langues est un plus.*
2. ***l'excédent*** m., ***le surplus*** (Überschuss) *La balance commerciale se solde par un excédent.*

le plus PFF — wie oben

Pointe f. — ***la chute, la fin*** *La chute de l'histoire est très drôle.*

la pointe PFF — 1. **Spitze** f. (auch fig.) *La pointe de mon crayon est cassée.*
2. **kleine Menge** f. *J'ai mis une pointe d'ail dans la salade.*

Police f. — ***la police (d'assurance)*** (Versicherungsurkunde) *Je veux changer de police d'assurance.*

la police PFF — 1. **Polizei** f. *Mes voisins ont appelé la police à cause du bruit.*
2. wie oben

---

polieren — ***faire briller, polir*** (blank putzen) *C'est un chiffon pour faire briller les meubles.*

polir PFF — 1. **schleifen** *J'ai poli mon bout de bois avec du papier de verre.*
2. wie oben

Politesse f. — ***la contractuelle*** (Angestellte der Verkehrsüberwachung) *J'ai été verbalisée par la contractuelle car j'étais mal garée.*

la politesse — **Höflichkeit** f. *Il n'a pas eu la politesse de frapper avant d'entrer.*

Post f. — 1. ***la poste*** (~amt) *Il faut que j'apporte mes lettres à la poste.*
2. ***le courrier*** (~sendung) *Le courrier n'est pas encore arrrivé.*

la poste PFF — wie oben

---

praktikabel — ***praticable, utilisable*** (durchführbar) *Cette réglementation n'est pas praticable.*

praticable PFF — 1. **befahrbar, begehbar** *Ces chemins ne sont pas praticables, ils sont dangereux.*
2. wie oben

Praktikant/in — ***le/la stagiaire*** *J'ai pris un stagiaire dans mon service pour l'été.*

le/la pratiquant,e — **Praktizierende/r** (im Glauben) *Ce sont des pratiquants convaincus.*

---

prinzipiell ***en principe*** *En principe, c'est possible et je n'ai rien contre.*
***principiel** Ø

---

privat 1. ***privé,e*** (dic cigene Person angehend, persönlich) *Cette histoire relève des affaires privées.*
2. ***particulier,-ière***, ***personnel,le*** (Unterlagen, Interesse, Vermögen) *Il s'agit de ma fortune personnelle.*
***privat** Ø
privé,e PFF wie oben

Professionalität f. ***le professionnalisme*** *Ce journaliste a toujours fait preuve d'un grand professionalisme.*
***professionnalité** Ø

Professor/in ***professeur*** (Titel), ***le/la professeur d'université*** *Son père était un grand professeur de médecine.*
le/la professeur PFF 1. **Lehrer/in** (Gymnasium, Universität, Ausbilder/in allg.) *Mon professeur de piano est malade en ce moment.*
2. wie oben

---

progressiv 1. ***progressiste*** (fortschrittlich denkend) *Il a toujours été contre les idées progressistes.*
2. ***progressif,-ive*** (schrittweise, allmählich, fortschreitend) *Ces exercices vous aident à obtenir une détente progressive des muscles. La maladie est longue et progressive.*
progressif,-ive PFF wie oben

Projekt n. ***le projet*** *Le financement du projet relatif aux énergies renouvelables est en bonne voie.*

le projet PFF 1. **Plan** m., **Vorhaben** n. *Quels sont vos projets de vacances cette année?*
2. **Entwurf** m., **Skizze** f. *J'ai envoyé mon projet au bureau d'architectes.*
3. wie oben

---

prominent 1. ***éminent,e, important,e*** *Tu viens de parler à une personnalité éminente.*
****prominent*** Ø
proéminent,e **(räumlich) herausragend, hervortretend** *Elle a un nez très proéminent.*

Promiskuität f. ***le changement fréquent de partenaire*** *C'est un adepte du changement fréquent de partenaire.*
la promiscuité **Zusammengepferchtsein** n., **enges Zusammenleben** n. *Je déteste vivre dans la promiscuité.*

Promotion f. 1. ***la publicité*** (Produktwerbung) *Cette marque fait beaucoup de publicité.*
2. ***le doctorat*** (Doktorwürde, -prüfung) *Il vient de passer son doctorat.*
la promotion 1. **Beförderung** (im Beruf) f., **Aufstieg** m. *Nous allons fêter la promotion de notre père.*
2. **Absatzförderung** f., **Sonderangebot** n. *Il y a actuellement des promotions très intéressantes.*

---

promovieren 1. ***préparer une thèse (de doctorat)*** (Doktorarbeit schreiben) *Il prépare une thèse sur Victor Hugo.*
2. ***soutenir une thèse, passer sa thèse*** (Doktorgrad erwerben) *Elle a soutenu sa thèse de littérature comparée.*
promouvoir **fördern, befördern** (im Beruf) *Ce projet a*

pour but de promouvoir l'intégration. Il a été promu directeur.

Prospekt m./n. ***le prospectus*** *Les prospectus publicitaires remplissent ma boîte aux lettres.*

****prospect*** Ø

Protektion f. ***le piston, la protection*** (Förderung, Begünstigung) *Sans piston, il n'aurait jamais accédé à ce poste élevé.*

la protection PFF 1. **Schutz** m. *Des mesures de protection en faveur des plus faibles viennent d'être prises.*
2. wie oben

Protest m. ***la protestation*** *En signe de protestation, les spectateurs ont quitté la salle.*

****protest*** Ø

Protokoll n. 1. ***le procès-verbal*** (schriftliche Fixierung eines Vorgangs) *Je viens de terminer le procès-verbal de la réunion d'hier soir.*
2. ***le protocole*** (verbindliches Dokument, diplomatische Verhaltensregeln) *Le protocole de Kyoto est entré en vigueur en 2005.*

le protocole PFF wie oben

---

protokollieren ***enregistrer*** (Aussagen ~), ***rédiger*** (Besprechungsinhalt ~) *Le policier a enregistré le témoignage de la victime.*

****protocoler*** Ø

Provision f. ***la commission*** (Vergütung) *La commission perçue par l'agent immobilier est de 15 %.*

la provision 1. **Vorrat** m. *Il y a une provision de chocolat dans le placard.*
2. **Vorschuss** m. *J'ai versé une provision pour réserver l'appartement.*

Prozess m. 1. ***le procès*** (RECHTSSPR.) *Le procès des assassins va être long et difficile.*
2. ***le processus*** (Ab-, Verlauf) *Le processus de croissance a été interrompu.*

le procès PFF wie oben

Publizist/in ***le/la journaliste, l'essayiste*** m./f. *Elle est journaliste dans un grand quotidien.*

le/la publiciste **Werbefachmann, -frau** *La profession de publiciste attire beaucoup les jeunes.*

---

punktuell ***ponctuel,le*** *Des contrôles ponctuels ont été effectués pendant la course.*

ponctuel,le PFF 1. **pünktlich** *Mon fils a du mal à être ponctuel.*
2. wie oben

Q

(sich) qualifizieren 1. ***acquérir une qualification, se spécialiser*** (sich weiter~) *Ce diplôme permet aux étudiants de se spécialiser dans la discipline de leur choix.*
2. ***se qualifier*** (SPORT) *Les joueurs vont tenter de se qualifier pour la finale.*

(se) qualifier PFF wie oben

Quartier n. 1. ***le logement*** (Unterkunft) *J'ai choisi un beau logement pour nos amis.*
2. ***les quartiers*** m. Pl. (MILIT.) *L'armée a pris ses quartiers d'hiver près de notre village.*

le quartier 1. **(Stadt-)Viertel** n., **Bezirk** m. *Ils habitent dans un quartier résidentiel.*
2. **Viertel** (Stück) n. *Je coupe ma pomme en quartiers.*

---

quittieren 1. ***délivrer un reçu*** (Rechnung ~) *N'oublie pas de te faire délivrer un reçu pour tes achats.*
2. ***démissionner*** (zurücktreten von einem Posten) *Elle a l'intention de démissionner de son job.*

quitter **verlassen** (Mensch, Ort) *J'étais très triste de quitter mes amis.*

R

raffiniert	1. ***astucieux,-euse, ingénieux,-euse*** (schlau), ***rusé,e*** (durchtrieben) *Ce plan d'attaque est très astucieux.* 2. ***raffiné,e*** (gereinigt) *Le sucre raffiné n'est pas très bon pour la santé.*
raffiné,e PFF	1. **vornehm, kultiviert, feinsinnig** *Mes voisins sont des gens très élégants et raffinés.* 2. wie oben
Rakete f.	1. ***la fusée*** (Flug-, Feuerwerkskörper) *La première fusée spatiale a été envoyée avec succès dans l'espace.* 2. ***le missile*** (Waffe) *Un missile qui est tombé sur l'immeuble voisin a fait de nombreuses victimes.*
la raquette	1. **Schläger** m. (SPORT) *As-tu une raquette de tennis?* 2. **Schneeschuh** m. *Nous avons fait une randonnée avec des raquettes.*
Rang m.	1. ***le rang, la position*** (Stellung), ***le grade*** (MILIT.) *Il voudrait occuper un rang élevé dans la société.* 2. ***le balcon, la galérie*** (THEATER) *Nous avons eu des places au balcon.* 3. ***la place*** (SPORT) *Ce coureur cycliste est arrivé à la troisième place au Tour de France.*
le rang PFF	1. **Reihe** f., **Glied** n. *Mettez-vous en rang.* 2. wie oben
rangieren	1. ***se classer*** (einen Rang innehaben) *Ils se sont classés en deuxième position.*

	2. ***aiguiller*** (Eisenbahn) *Le conducteur aiguille le train sur une autre voie.*
ranger	1. **aufräumen** *Il faut que je range la maison.*
	2. **(ein)ordnen** *Je suis en train de ranger mes dossiers.*

Rapport m.	***le rapport*** (Bericht) *Le policier doit faire un rapport sur les incidents survenus lors de la manifestation.*
le rapport PFF	1. **Zusammenhang** m. *Je ne vois pas de rapport entre ces deux affaires.*
	2. **Verhältnis** n., **Beziehungen** f. Pl. *Nos rapports se sont dégradés ces derniers temps.*
	3. wie oben

---

rasant	***rapide, infernal,e, fulgurant,e, vertigineux, -euse*** *Ses progrès ont été fulgurants.*
rasant,e	1. **langweilig, öde** *Ce discours était particulièrement rasant.*
	2. **flach einfallend** (Licht) *Cette lumière rasante est très belle.*

Rasur f.	***le rasage*** *Ton rasage est parfait.*
*****rasure***	Ø

---

rational	***rationnel,le*** (vernunftgemäß, vernünftig) *Ce raisonnement n'est pas très rationnel. Ton comportement n'est pas très rationnel.*
rationell	***efficace*** (effizient, zweckmäßig) *Je reconnais que ces mesures étaient très efficaces.*
rationnel,le PFF	wie oben

---

realisieren	***réaliser*** (verwirklichen, erfüllen) *Mon rêve est impossible à réaliser.*
réaliser PFF	1. **tätigen, abschließen** (Kauf, Verkauf) *J'ai réalisé une bonne affaire.*
	2. wie oben

---

rebellisch ***rebelle*** (aufsässig, aufbegehrend, aufständisch) *Cet enfant a toujours été rebelle. Les troupes sont rebelles à la patrie.*

rebelle PFF 1. **widerspenstig** (Haar), **hartnäckig** (Krankheit, Fieber) *La maladie est rebelle aux traitements.*
2. wie oben

Recherche f. ***la recherche, l'enquête*** f. (Nachforschung, Ermittlung) *Après de longues années de recherche, il a réussi à élucider le crime.*

la recherche PFF 1. **Suche** f. *Je suis à la recherche du bonheur.*
2. **Forschung** f. *Je travaille dans la recherche.*
3. wie oben

---

reell 1. ***réel,le*** (wirklich) *Tu as une chance réelle d'y arriver!*
2. ***convenable, honnête*** (anständig, ehrlich) *Le prix de vente de cette maison est convenable.*

réel,le PFF 1. **wahr, tatsächlich, real** *Je vous garantis que c'est un fait réel.*
2. wie oben

Referendar/in ***le/la professeur stagiaire*** *Ce professeur stagiaire a des classes dans deux lycées différents.*

référendaire (Adj.) **auf eine Volksabstimmung bezüglich** *Le vote aura lieu par voie référendaire.*

---

referieren 1. ***faire une conférence*** (Vortrag halten) *L'ancien ministre va faire une conférence sur les problèmes économiques actuels.*
2. ***faire/présenter un exposé / un rapport*** (Referat halten) *Nous allons présenter un rapport sur le réchauffement climatique.*

référer 1. **weiterleiten, anrufen, zur Entscheidung vorlegen** *Je dois en référer à mon supérieur.*
2. **sich beziehen** (***se*** ~) *Je me suis référée à la définition du dictionnaire.*

Reflex m. 1. ***le reflet*** (Licht~, Widerschein) *En photographiant à contre-jour, il faut éviter les forts reflets.*
2. ***le réflexe*** (MED.) *Depuis son accident, ses réflexes sont ralentis.*

le réflexe PFF wie oben

Regal n. ***l'étagère*** f., ***le rayon, le rayonnage*** *Les étagères sont vides.*

le régal **Genuss** m., **Leckerbissen** m. (auch fig.) *Ce paysage est un régal pour les yeux.*

Regie f. ***la mise en scène, la réalisation*** (FILM, THEATER, TV) *La mise en scène de ce film est très originale.*

la régie 1. **staatliches Unternehmen** n. *La régie des hôpitaux est assurée par l'État.*
2. **Regieassistenz** f. (FILM, THEATER, TV) *La régie concerne la direction du personnel et du matériel.*

---

regieren ***gouverner, régner*** *Ce dirigeant gouverne son pays depuis plusieurs décennies.*

régir PFF 1. **regeln, bestimmen** *La loi régit les rapports entre les hommes.*
2. **nach sich ziehen, erfordern, verlangen** (SPRACHW.) *Le verbe «suivre» régit l'accusatif.*

Regime n. ***le régime*** (Regierungs-, Herrschaftsform) (dt. meist neg.) *Ce dissident a combattu le régime communiste dans son pays.*

le régime PFF 1. **politisches System** n. *La France a un régime présidentiel.*
2. **Diät** f. *Il suit un régime sévère en raison de son diabète.*
3. wie oben

Regisseur/in ***le/la metteur en scène, le/la réalisateur, -trice*** *Claude Chabrol est un réalisateur qui a fait de très nombreux films.*

le/la régisseur, -euse 1. **Aufnahmeleiter/in**, **Regieassistent/in**. *Le régisseur a une fonction d'organisation.*
2. **Verwalter/in**. *Ce riche homme d'affaires cherche un régisseur pour son domaine.*

---

registrieren ***enregistrer*** (eintragen), ***constater*** (feststellen) *N'avez-vous pas constaté des anomalies lors des contrôles anti-dopage?*

****registrer*** Ø

Rehabilitation f. 1. ***la réhabilitation*** (Wiedereinsetzung in frühere Rechte, Ehrenrettung) *La réhabilitation d'une personne compromise n'est pas toujours aisée.*
2. ***la rééducation*** (MED.) *Après un mois d'hôpital et deux mois de rééducation, il est enfin rentré chez lui.*

la réhabilitation PFF 1. **Sanierung** f., **Instandsetzung** f. *La réhabilitation de ce quartier est une réussite.*
2. wie oben

Reklame f. 1. ***la publicité*** (gesamte Werbung) *Il fait de la publicité pour son nouveau film.*
2. ***la réclame*** (auffällige Werbung) *Ces réclames lumineuses ne me plaisent pas.*

la réclame PFF 1. **Sonderangebot** n. (***en*** ~) *Il y a beaucoup d'articles en réclame actuellement.*
2. wie oben

---

rekonstruieren 1. ***reconstituer*** (erschließen und wiedergeben) *L'enquête a permis de reconstituer minutieusement les faits.*
2. ***reconstituer*** (nachbilden, originalgetreu aufbauen) *Pour tourner ce film, on a reconstitué un village gaulois.*

reconstruire **wieder aufbauen, neu aufbauen** (auch fig.) *Berlin va reconstruire l'ancien château royal.*

---

relevant ***important,e, pertinent,e*** (wichtig), ***utile*** (nützlich) *Votre remarque n'est pas particulièrement pertinente.*

relevant (Partizip Präsens von ***relever***) hochkurbelnd *Je me suis coincé les doigts en relevant la vitre.*

---

remis ***(match) nul, à égalité de points*** (unentschieden) *Match nul à la fin de la première mi-temps!*

remis (Partizip Perfekt von ***remettre***) **aufgeschoben, abgesagt** *Notre rencontre a été remise à demain.*

---

renitent ***récalcitrant,e, rebelle*** (widerspenstig, sich hartnäckig widersetzend) *Certains fumeurs récalcitrants refusent de se plier aux nouvelles lois.*

rénitent,e **Druck widerstehend, fest, prall** (MED.) *Le médecin a parlé d'une tumeur rénitente.*

---

renovieren ***rénover, remettre à neuf*** *L'immeuble a été rénové récemment.*

rénover PFF 1. **modernisieren** (fig.) *Les méthodes d'enseignement ont été grandement rénovées ces dernières années.*
2. wie oben

Rente f. — 1. ***la (pension de) retraite*** (Altersruhegeld) *Sa retraite ne lui suffit pas pour vivre.*
2. ***la rente*** (regelmäßige Geldzahlung) *Elle dispose de bonnes rentes.*

la rente PFF — wie oben

(sich) rentieren — ***être rentable*** *Ce travail n'est pas rentable.*

****(se) renter*** — Ø

---

reparieren — ***réparer*** *J'ai donné ma voiture à réparer.*

réparer — 1. **wiedergutmachen** *Il va maintenant falloir réparer les dégâts!*
2. wie oben

Report m. — ***le rapport*** (Bericht), ***le reportage*** *Elle a fait un rapport sur son voyage. Ce journaliste fait toujours des reportages très bien documentés.*

le report — 1. **Verschiebung** f. *Ce report du rendez-vous ne m'arrange pas du tout.*
2. **Übertrag** m. (MATH.) *N'oubliez pas le report de la somme intermédiaire.*

---

requirieren — ***réquisitionner, confisquer*** (beschlagnahmen) *Ma maison a été réquisitionnée pendant la guerre.*

requérir — 1. **erfordern, nötig machen** *Ce travail requiert le silence.*
2. **beantragen, fordern** *Nous requérons votre aide dans cette affaire difficile.*

---

residieren — ***résider*** *Cette vieille aristocrate réside dans le château de ses ancêtres.*

résider PFF — 1. **ansässig/wohnhaft sein in** *Je réside une partie de l'année en France.*
2. **liegen, sich befinden** (auch fig.) *Le pro-*

blème réside dans le fait que tu prends toujours tes décisions seul.
3. wie oben

---

resignieren ***se résigner, abandonner*** *Je ne suis pas quelqu'un qui se résigne facilement.*

(se) résigner PFF 1. **sich abfinden** *Je ne peux pas me résigner à te quitter.*
2. wie oben

Resistenz f. ***la résistance*** (Widerstandsfähigkeit) *La résistance de cette bactérie aux antibiotiques pose de gros problèmes.*

la résistance PFF 1. **Widerstand** m., **Gegenwehr** f. *Ils n'ont opposé aucune résistance lors de leur arrestation.*
2. wie oben

Restaurator/in ***le/la restaurateur,-trice*** *Il est restaurateur de tableaux anciens.*

le/la restaurateur,-trice PFF 1. **Gastwirt/in** *Je leur ai conseillé un très bon restaurateur.*
2. wie oben

Revision f. ***la révision*** (Prüfen, Überprüfung, gerichtliche Neuprüfung) *Nous avons fait une demande de révision des comptes.*

la révision PFF 1. **Inspektion** f. (eines Fahrzeugs), **Wartung** f. *La révision du moteur de votre voiture est nécessaire.*
2. **Wiederholung** f. (von Lernstoff) *J'ai commencé mes révisions car les examens approchent.*
3. wie oben

---

rezensieren ***faire une critique, faire la critique de qc*** (etwas kritisch besprechen) *La plupart des* *journaux ont fait une critique excellente du dernier film de cette jeune cinéaste.*

recenser — **zählen, (zahlenmäßig) erfassen** *J'ai recensé toutes les erreurs contenues dans le texte.*

---

riskant — ***risqué,e*** *Tu as une manière de conduire très risquée.*

****risquant*** (Adj.) Ø

Robe f. — 1. ***la robe*** (Talar) *Les avocats et les magistrats portent la robe.*
2. ***la robe de soirée*** (festliches Abendkleid) *Elle a dépensé une fortune pour s'acheter une robe de soirée.*

la robe PFF — 1. **Kleid** n. *Je me sens mieux en pantalon qu'en robe.*
2. wie oben

Rouge n. — ***le rouge à joues / à lèvres*** *Tu t'es mis un peu trop de rouge à lèvres.*

le rouge — **Rot** n. *Le rouge est la couleur de la colère.*

Route f. — ***l'itinéraire*** m., ***la route*** (Reise~) *Quel itinéraire avez-vous choisi pour vous rendre à Paris?*

la route PFF — 1. **(Land-)Straße** f. *La route est en très mauvais état et nous devons rouler lentement.*
2. **Fahrt** f. *La route va être longue, ne vous couchez pas trop tard!*
3. wie oben

Routine f. — 1. ***le savoir-faire, l'expérience*** f. (Erfahrung, Können) *Il me manque un peu d'expérience mais c'est une question de temps.*
2. ***la routine*** (Gewohnheit) *La routine a quelque chose de rassurant pour beaucoup de gens.*

la routine PFF — wie oben

ruinieren	1. ***ruiner*** (zugrunde richten, zerrütten) *À force de jouer, il a ruiné sa famille.* 2. ***gâter, abîmer*** (unansehnlich machen, beschädigen) *La pluie a abîmé tes jolies chaussures.*
ruiner PFF	wie oben

S

saisonal	***saisonnier, -ière*** *Certaines personnes souffrent de dépressions saisonnières.*
****saisonnal***	Ø
Salat m.	1. ***la salade*** (Beilage, gemischter Salat) *En été, elle mange souvent de la salade.* 2. ***la laitue*** (Kopfsalat) *J'ai fait une vinaigrette pour assaisonner la laitue.*
la salade PFF	wie oben
Schal m.	***l'écharpe*** f., ***le foulard*** (Seiden~, Halstuch) *Mets bien ton écharpe autour du cou, il fait froid.*
le châle	**Schulter-, Umhängetuch** n. *Ma grand-mère portait toujours de vieux châles troués.*
Schickeria f.	***le beau monde, la fine fleur de la société, le gratin*** (ugs.) *Elle ne fréquente que le gratin munichois.*
****chiquéria***	Ø
schikanös	***vexatoire*** (boshaft) *Certaines mesures vexatoires à l'égard des étrangers ont été dénoncées par notre association.*
chicaneux, -euse	**streitsüchtig, nörglerisch** (Kanada) *Elle est vraiment chicaneuse.*
Schock m.	***le choc*** *Depuis qu'il a appris cette terrible nouvelle, il est en état de choc.*
le choc PFF	1. **Schlag** m., **(Zusammen-)Stoß** m., **Erschütterung** f. *La voiture a subi un choc frontal très violent.* 2. wie oben

---

Séance f. — ***la séance*** (spiritistische Sitzung) *As-tu déjà assisté à une séance de spiritisme?*

la séance PFF — 1. **Sitzung** f., **Stunde** f. *Les députés assistent aux séances de l'Assemblée nationale. J'ai plusieurs séances d'entraînement par semaine.*
2. **Vorstellung** f. (Kino) *Je ne pourrai pas aller à la séance de 18 heures, c'est trop tôt.*
3. wie oben

Sekret n. — ***la sécrétion*** (abgesonderte Körperflüssigkeit) *Ces sécrétions purulentes sont inquiétantes.*

le secret — **Geheimnis** n. *C'est un secret, ne le dis à personne!*

Sektion f. — ***le service, la section*** (Dienststelle, Abteilung) *J'ai rencontré le responsable de la section allemande.*

la section PFF — 1. **Fachrichtung** f. (Schule) *Mon fils a choisi la section scientifique.*
2. **Schnitt** m. (MATH.) *Calculez le point de section des lignes.*
3. wie oben

Sensation f. — 1. ***la sensation*** (eine ~ sein) *Son entrée a fait sensation.*
2. ***l'événement*** m. (wissenschaftliche/literarische ~) *Ce roman est l'événement littéraire de la rentrée.*

la sensation PFF — 1. **Empfindung** f., **Gefühl** n. *J'ai une sensation de fatigue inexpliquée.*
2. wie oben

Serviette f. — ***la serviette*** (Tisch~) *Tu as oublié de mettre les serviettes sur la table.*

la serviette PFF — 1. **Hand-, Badetuch** n. *Ma serviette de bain est toute mouillée.*

2. **Aktentasche** f., **Mappe** f. *Il s'est fait voler les documents qui étaient dans sa serviette.*
3. wie oben

Sex m. 1. ***les rapports sexuels*** m. Pl. (Geschlechtsverkehr) *L'âge des premiers rapports sexuels a peu changé au cours des trente dernières années.*
2. ***le sexe*** (Sexualität) *Le sexe est leur seul sujet de conversation.*

le sexe PFF 1. **Geschlecht** n. *La parité des sexes au parlement est loin d'être atteinte.*
2. **Geschlechtsorgan** n. *Une feuille de vigne cachait son sexe.*
3. wie oben

---

skrupellos ***sans scrupules*** *L'employé sans scrupules se servait dans la caisse.*

scrupuleux,-euse **gewissenhaft** *Ce professeur est très scrupuleux dans la correction des copies de ses élèves.*

Souterrain n. ***le sous-sol*** *Cette famille vit dans un appartement en sous-sol.*

le souterrain **unterirdischer Gang** m. *Un souterrain relie les bâtiments entre eux.*

Souvenir n. ***le souvenir*** *M'as-tu rapporté un souvenir de Paris?*

le souvenir PFF 1. **Erinnerung** f. *J'ai gardé un bon souvenir de mon enfance.*
2. wie oben

---

souverän 1. ***souverain,e*** (POLITIK) *C'est un régime politique dans lequel le peuple est souverain.*
2. ***parfait,e, à la perfection, avec une grande assurance*** (einer Aufgabe jederzeit gewach-

sen) *Elle parle cette langue avec une parfaite maîtrise.*

souverain,e PFF 1. **höchst, völlig** *C'est un bonheur souverain d'être parmi vous.*
2. **sehr wirksam** *La lecture est un remède souverain contre l'ennui.*
3. wie oben

Sozietät f. ***le cabinet, la société*** (Zusammenschluss von Freiberuflern) *Elle est avocate dans un grand cabinet international.*

la société PFF 1. **Gesellschaft** f. (menschliche Gemeinschaft) *Nous vivons dans une société multiculturelle.*
2. **Verband** m., **Verein** m. *La société sportive organise chaque année un concours de pétanque.*
3. **Firma** f. *J'ai monté ma propre société et elle marche bien.*
4. wie oben

---

spontan ***spontané,e*** *Leur départ spontané a surpris tout le monde.*

spontané,e PFF 1. **natürlich, unbefangen** *J'aime beaucoup cet enfant, il est gai et spontané.*
2. wie oben

Standard m. ***le standard, la norme*** *La climatisation fait partie de l'équipement standard.*

le standard PFF 1. **(Telefon-)Zentrale** f. *Passez-moi le standard, s'il vous plaît.*
2. wie oben

Star m. 1. ***la star, la vedette*** *Les plus grandes stars du cinéma sont actuellement sur la Croisette à Cannes.*

2. ***l'étourneau*** m. (ZOOL.) *Regarde ce vol d'étourneaux dans le ciel!*

la star PFF wie oben

Station f. 1. ***la station*** (Zug), ***l'arrêt*** m. (Bushaltestelle) *Nous avons rendez-vous à la station de métro Bastille.*

2. ***le service*** (Krankenhaus~) *Le blessé est en service de réanimation.*

la station PFF 1. **Stehen** n., **(Steh-)Haltung** f. *La station debout m'est très pénible.*

2. wie oben

auch: **Bade-, Kurort** m. ***la station balnéaire, la station thermale***

---

stationieren ***mettre en place, déployer*** (Waffen, Truppen), ***être stationné*** (stationiert sein) *Des troupes ont été mises en place à la frontière. Les troupes resteront stationnées dans ce pays.*

stationner PFF 1. **parken** *Il est défendu de stationner devant ce bâtiment.*

2. wie oben

---

synchronisieren 1. ***synchroniser*** (zeitlich aufeinander abstimmen) (auch TECHN.) *Vos mouvements ne sont pas bien synchronisés.*

2. ***doubler*** (FILM) *Ce film est doublé en allemand.*

synchroniser PFF 1. **genau miteinander vereinbaren, abstimmen** *Les ouvriers ont synchronisé leur grève avec celle d'un autre syndicat.*

2. wie oben

T

Tablett n.	***le plateau*** *Il m'a servi mon petit-déjeuner sur un plateau en argent.*
****tablet***	Ø
Tablette f.	***le comprimé*** *Si tu as mal à la tête, prends un comprimé d'aspirine.*
la tablette	1. **Ablage(platte)** f., **Brett** n. *Pose les vêtements sur la tablette de l'armoire.* 2. **Pastille** f., **Lutschtablette** f. *Tu n'as pas oublié de prendre tes tablettes à midi?* auch: **Tafel Schokolade** f. ***la tablette de chocolat***
Taille f.	***la taille*** *Tu as vraiment une taille très fine.*
la taille PFF	1. **Größe** f. (Person, Kleidung) *C'est un homme de grande taille et assez gros.* 2. **Schnitt** m. (bei Bäumen), **Schliff** m. (bei Diamanten) *La taille de ces arbres a lieu tous les ans en automne.* 3. wie oben
Takt m.	1. ***la mesure*** (MUSIK) *Essayez de garder la mesure lorsque vous jouez!* 2. ***le tact*** (~gefühl) *Je trouve que tu as manqué de tact en évoquant cette vieille histoire.*
le tact PFF	wie oben
talentiert	***talentueux,-euse, brillant,e*** *Ce jeune homme talentueux est promis à un bel avenir.*
****talenté***	Ø
Tampon m.	***le tampon*** (Hygiene~) *Tu trouveras des tampons hygiéniques à la pharmacie.*

le tampon PFF 1. **Stempel** m. *J'ai besoin du tampon des autorités administratives sur mon passeport.*
2. wie oben

Tapete f. ***le papier peint*** *Le papier peint de la salle à manger a besoin d'être remplacé.*

la tapette 1. **Teppichklopfer** m., **Fliegenklatsche** f. *Je cherche la tapette pour nettoyer le tapis du salon.*
2. **Tunte** f. (tabu) *C'est une vieille tapette!*

Tempo n. 1. ***le tempo, le mouvement*** (MUSIK) *Ce morceau de musique a un tempo un peu lent.*
2. ***la vitesse*** (Geschwindigkeit) *Il roulait à grande vitesse et a eu un accident.*

le tempo PFF wie oben

Terminus m. ***le terme*** (Fachausdruck, Begriff) *Quel est le sens exact de ce terme?*

le terminus **Endstation** f., **Endhaltestelle** f. *Terminus, tout le monde descend!*

---

terrorisieren 1. ***terroriser*** (durch Terror einschüchtern, in Angst und Schrecken versetzen) *Le nouveau régime terrorise la population.*
2. ***tyranniser, harceler*** (mobben) *Mon supérieur hiérarchique ne cesse de me harceler.*

terroriser PFF 1. **Furcht/Angst einjagen** *Ce film m'a terrorisée.*
2. wie oben

Thema n. 1. ***le sujet*** (konkreter Gegenstand) *Vos sujets de discussion sont toujours les mêmes!*
2. ***le thème*** (MUSIK) (Grundthema, Thematik, Themenstellung) *Un débat a actuellement lieu sur le thème de la paix.*

le thème PFF	1. **Übersetzung in die Fremdsprache** f. *Le professeur nous a donné une version et un thème latins pour demain.* 2. wie oben
These f.	***la thèse, la théorie*** *Nous avons plusieurs thèses à propos de ce crime.*
la thèse	1. **Doktorarbeit** f., **Dissertation** f. *Sa thèse est devenue un ouvrage de référence en psychanalyse.* 2. wie oben
Ton m.	1. ***le son*** (Klang) *J'entends mieux les sons graves que les sons aigus.* 2. ***le ton*** (MUSIK) (Rede- bzw. Sprechweise, Umgangston) *Je vous interdis de me parler sur ce ton.*
le ton PFF	wie oben
Tonne f.	1. ***le tonneau*** (Fass), ***la poubelle*** (Müll~) *As-tu sorti les poubelles?* 2. ***la tonne*** (Gewicht) *Des millions de tonnes de déchets sont déversés dans la mer chaque année.*
la tonne PFF	wie oben
Tour f.	***le tour, la petite excursion*** (Ausflug), ***la randonnée*** (Wanderung) *Nous avons fait un tour sur l'île.*
le tour PFF	1. **Rundgang** m., **Spaziergang** m. *J'aimerais bien faire le tour de la ville.* 2. **Streich** m. *Ils m'ont joué un mauvais tour.* 3. wie oben
la tour	**Turm** m. *Tout le monde connaît la Tour Eiffel.*

Transparent n. ***la banderole*** (Spruchband) *Les banderoles brandies par les manifestants ont été confisquées par les policiers.*

le transparent **(Overhead-)Folie** f. *J'ai imprimé les graphiques sur des transparents.*

Tresor m. ***le coffre-fort*** *Les malfaiteurs n'ont pas réussi à ouvrir le coffre-fort de la banque.*

le trésor **Schatz** m. (auch Kosewort) *Mon oncle est persuadé qu'un trésor est caché dans son jardin.*

Tribüne f. ***la tribune*** (Redner~, Zuschauer~) *L'orateur s'est adressé à la foule depuis la tribune.*

la tribune PFF 1. **(Meinungs-)Forum** n., **Kolumne** f. (Zeitung) *Beaucoup de journaux offrent aux lecteurs une tribune libre.*
2. wie oben

Trubel m. ***l'agitation*** f., ***le tumulte*** *Je ne supporte pas le tumulte des grandes villes.*

le trouble 1. **Verwirrung** f., **Durcheinander** n., **Unruhe** f. *Son arrivée a semé le trouble dans l'assemblée.*
2. **Beschwerden** n. Pl. *Je souffre de troubles respiratoires.*

U

ultimativ	***sous forme d'ultimatum, impératif,-ive*** *Un accord a été proposé sous forme d'ultimatum.*
***ultimatif**	Ø
ungeniert	***désinvolte, sans gêne*** (sich ungehemmt benehmend, ungezwungen, lässig) *Tes manières désinvoltes sont un peu choquantes.* 2. ***sans façon*** (formlos, einfach) *J'accepte sans façon votre proposition.*
****ingêné***	Ø
uni	***uni,e*** (einfarbig) *Je cherche un tissu uni de couleur rouge.*
uni,e PFF	1. **vereint, vereinigt** *Il m'a invité à venir aux États-Unis en été.* 2. **glatt, eben** *J'ai besoin d'une surface unie pour dessiner.* 3. **einträchtig zusammenlebend** *Je viens d'une famille très unie.* 4. wie oben
Utensil n.	***l'ustensile (de cuisine / de ménage / de jardinage)*** m. (Gerät) (meist. Pl. im Frz.), ***l'équipement*** m. (Ausstattung) *Le stéthoscope a longtemps fait partie de l'équipement de base de tout médecin.*
l'ustensile m. PFF	wie oben

V

Vabanquespiel n.	***le quitte ou double*** *Le gouvernement a joué à quitte ou double dans cette affaire.*
**vabanque*	Ø
Varieté n.	***le théâtre de variétés*** (~theater), ***les variétés*** f. Pl., ***le music-hall*** *Le Moulin Rouge est un théâtre de variétés très célèbre. Charlie Chaplin a débuté dans le music-hall.*
la variété	1. **Vielfalt** f., **Verschiedenartigkeit** f. *Il y a une grande variété de plantes dans ce jardin botanique.* 2. **Sorte** f., **Art** f. (BIOL.) *Cette variété de pêches est délicieuse.*
Vernissage f.	***le vernissage*** (Ausstellungseröffnung durch den Künstler) *Le jour du vernissage est un moment particulier pour un artiste.*
le vernissage PFF	1. **Lackieren** n., **Glasieren** n., **Firnissen** n. *Le vernissage de meubles anciens est un travail délicat.* 2. wie oben
Vers m.	1. ***le vers*** (Gedicht~) *Victor Hugo a écrit des milliers de vers.* 2. ***le verset*** (Bibel~, Koran~), ***la strophe*** (Strophe) *Elle apprend les versets du Coran.*
le vers PFF	wie oben
Version f.	1. ***la version*** (Interpretation, Sichtweise) *Cette version des faits contredit les déclarations des autres témoins.* 2. ***la version*** (Fassung, Modell, Typ) *As-tu la nouvelle version de ce logiciel?*

la version PFF 1. **Übersetzung aus der Fremdsprache** f. *Cette version allemande est très difficile.*
2. wie oben

Volontär/in ***le/la stagiaire*** (Zeitung) *Avant d'être rédacteur de ce journal, ce grand journaliste a été longtemps stagiaire.*

le/la volontaire **Freiwillige/r** *Nous travaillons comme volontaires dans une association humanitaire.*

---

vulgär ***vulgaire, grossier,-ière*** *Les dialogues de ce film sont extrêmement vulgaires.*

vulgaire PFF 1. **einfach** (Person), **gängig** (Meinung), **gewöhnlich** *C'est tout à fait suffisant pour le vulgaire citoyen que je suis.*
2. wie oben
auch: **Volkssprache** f. ***la langue vulgaire***

W

Weste f.	***le gilet*** (Anzug~) *Le gilet ne se porte plus beaucoup aujourd'hui.*
la veste	1. **Jacke** f. *Donne-moi ma veste en laine, j'ai froid!* 2. **Jackett** n., **Sakko** m./n. *Cette veste n'est pas bien assortie à ton pantalon.*

Z

zensieren	1. ***noter*** (Schule) *Le professeur a oublié de noter ma copie.* 2. ***censurer, soumettre à la censure*** (einer Zensur unterwerfen) *Le film de ce cinéaste a été censuré dans son pays.*
censurer PFF	wie oben
zeremoniell	***solennel, le, d'apparat, avec beaucoup de cérémonie*** *Dans les grandes occasions, la reine est en tenue d'apparat.*
***cérémonniel*	Ø
cérémonieux, -euse	**steif, förmlich** *Même quand elle reçoit de vieux amis, elle est toujours cérémonieuse.*
Zirkel m.	1. ***le compas*** (Instrument) *J'ai besoin d'un compas pour tracer un cercle.* 2. ***le cercle*** (Personenkreis) *Cette personne ne fait pas partie de mon cercle d'amis.*
le cercle PFF	1. **Kreis** m. (MATH.) *Dessinez un cercle sur le sol.* 2. wie oben
Zivil n.	***la tenue civile*** (~kleidung) *Dans certaines missions, les policiers sont en tenue civile.*
le civil	**Zivilist** m. *Des militaires s'étaient glissés parmi les civils.*
Zivilcourage f.	***le courage civique*** *Cette femme a été décorée pour son courage civique.*
***courage civil*	Ø

Anhang: Deutsche und französische Wörter mit unterschiedlichem Artikelgebrauch

Die Liste von Wörtern, die sich im Deutschen und Französischen durch das Genus – Maskulinum, Femininum oder Neutrum – unterscheiden und die sehr häufig falsch gebraucht werden, dient unabhängig von möglichen Bedeutungsunterschieden der Fehlervermeidung im grammatischen Bereich.

die Achse	**un** axe
der Alarm	**une** alarme
das Amulett	**une** amulette
die Ananas	**un** ananas
der Anker	**une** ancre
das Apostroph	**une** apostrophe
die Aprikose	**un** abricot
das Aspirin	**une** aspirine
das Baguette	**la** baguette
das Auto(mobil)	**une** auto(mobile)
die Bank	**le** banc
die Bar	**le** bar
das Bier	**la** bière
die Boa	**le** boa
die Bronze	**le** bronze
der BMW	**la** BMW
die Büste	**le** buste
das Chanson	**la** chanson
die Chiffre	**le** chiffre
die Cholera	**le** choléra
der Citroën	**la** Citroën
die (Coca) Cola	**le** coca
die Courage	**le** courage

das Datum	**la** date
das Debakel	**la** débâcle
die Debatte	**le** débat
der Disput	**la** dispute
die Dividende	**le** dividende
die Domäne	**le** domaine
die E-Mail	**un** émail
die Episode	**un** épisode
die Etage	**un** étage
das Etikett	**une** étiquette
der Flanell	**la** flanelle
das Foto	**la** photo
das Frikassee	**la** fricassée
die Front	**le** front
die Gage	**le** gage
die Garage	**le** garage
das Gelee	**la** gelée
die Geste	**le** geste
die Gruppe	**le** groupe
die Hitparade	**le** hit-parade
das Hormon	**une** hormone
die Hymne	**un** hymne
das Idol	**une** idole
das Interview	**une** interview
die Jury	**le** jury
die Kanone	**le** canon
die Karosse	**le** carrosse
der Komet	**la** comète
die Kontrolle	**le** contrôle
das Kotelett	**la** côtelette

der Likör	**la** liqueur
das Manöver	**la** manœuvre
der Marsch	**la** marche
die Maske	**le** masque
die Manege	**le** manège
die Melone	**le** melon
das Meer	**la** mer
die Metro	**le** métro
die Mikrobe	**le** microbe
die Milliarde	**le** milliard
die Million	**le** million
die Montage	**le** montage
das Molekül	**la** molécule
das Mosaik	**la** mosaïque
die Nummer	**le** numéro
das Omelett	**une** omelette
die Oper	**un** opéra
die Order	**un** ordre
die Pampelmuse	**le** pamplemousse
der Panther	**la** panthère
der Pantoffel	**la** pantoufle
die Partei	**le** parti
die Passage	**le** passage
das Pedal	**la** pédale
die Pipeline	**le** pipe-line
die Platane	**le** platane
der Planet	**la** planète
die Platte	**le** plat
der Platz	**la** place
die Prognose	**le** prognostic
der Puder	**la** poudre
das Radio	**la** radio
die Rallye	**le** rallye

die Reportage	**le** reportage
der Reim	**la** rime
die Rhône	**le** Rhône
die Rolle	**le** rôle
der Saal	**la** salle
die Sahara	**le** Sahara
der Salat	**la** salade
die Sauna	**le** sauna
die Schokolade	**le** chocolat
die Show	**le** show
der Star *Frau, Mann*	**la** star
der Tanz	**la** danse
der Terror	**la** terreur
die Tour	**le** tour
die Trophäe	**le** trophée
die Tube	**le** tube
der Tumor	**la** tumeur
die Uniform	**un** uniforme
der Urin	**une** urine
die Vase	**le** vase
die Vernissage	**le** vernissage
die Visage	**le** visage
das Vitamin	**la** vitamine
die Vokabel	**le** vocable
der Walzer	**la** valse
die Yacht	**le** yacht
die Zigarre	**le** cigare
die Zitrone	**le** citron

Register der französischen Stichwörter